DOCUMENTS HISTORIQUES

SUR LA

COMÉDIE FRANÇAISE

PENDANT LE RÈGNE

DE

S. M. L'EMPEREUR NAPOLÉON Iᵉʳ,

PRÉCÉDÉS

De tous les actes constitutifs qui régissent la société du Théâtre-Français,
depuis sa fondation, le 25 août 1680, jusqu'à nos jours,

PAR

EUGÈNE LAUGIER.

PARIS,

LIBRAIRIE DE FIRMIN DIDOT FRÈRES,

RUE JACOB, 56.

TRESSÉ, SUCCESSEUR DE BARBA,

PALAIS-ROYAL, GALERIE DE CHARTRES, 2.

1853.

DOCUMENTS HISTORIQUES

SUR LA

COMÉDIE FRANÇAISE.

PARIS — TYPOGRAPHIE DE FIRMIN DIDOT FRÈRES, RUE JACOB, 56.

DOCUMENTS HISTORIQUES

SUR LA

COMÉDIE FRANÇAISE

PENDANT LE RÈGNE

DE

S. M. L'EMPEREUR NAPOLÉON Iᴱᴿ,

PRÉCÉDÉS

De tous les actes constitutifs qui régissent la société du Théâtre-Français,
depuis sa fondation, le 25 août 1680, jusqu'à nos jours,

PAR

EUGÈNE LAUGIER.

PARIS,
LIBRAIRIE DE FIRMIN DIDOT FRÈRES,
RUE JACOB, 56.

TRESSE, SUCCESSEUR DE BARBA,
PALAIS-ROYAL, GALERIE DE CHARTRES, 2.

1853.

A SA MAJESTÉ

L'EMPEREUR NAPOLÉON III,

HOMMAGE RESPECTUEUX

DE SON TRÈS-HUMBLE, TRÈS-OBÉISSANT ET TRÈS-FIDÈLE

SERVITEUR ET SUJET

EUGÈNE LAUGIER.

Je n'ai pas la prétention d'écrire une histoire du Théâtre-Français, même celle d'une époque partielle. Seulement, la pensée qui a présidé à ce livre est la même qui déjà une fois m'a inspiré.

Lorsque j'écrivais, en 1844, un petit livre, intitulé : *De la Comédie française depuis 1830*, je n'avais pas d'autre but que de jeter un coup d'œil rapide sur des événements récemment accomplis, sur des faits contemporains, que je pouvais avoir l'ambition de présenter sous leur vrai jour, embarrassés qu'ils étaient peut-être, pour l'intelligence du plus grand nombre, dans les discussions du moment. Ce léger travail, tout de circonstance, était bien imparfait, et je ne l'ai jamais considéré que comme un jalon préparé pour un chroniqueur futur. J'y reviendrai sans doute moi-même, si une plus grande tâche, dont je rêve l'accomplissement, peut se réaliser jamais.

Aujourd'hui, une ère nouvelle s'ouvre pour la Comédie française comme pour la France. Un grand règne, que l'avenir proclamera illustre, va faire revivre pour l'art les traditions impérissables du règne auguste qui a inauguré le dix-neuvième siècle. La Comédie française, qui a revu, sous Napoléon Ier, ses plus beaux jours de gloire et de prospérité, espère en Napoléon III une même grandeur et une même fortune. Cette grandeur, cette gloire, cette fortune sont inséparables de la protection du souverain.

Je n'ai donc qu'un but bien simple : celui de remettre autant que possible en évidence quelques années écoulées, mais non pas complétement oubliées, de la Comédie française, de 1802 à 1814, alors que le maître du monde dictait ses lois.

Dans les préoccupations si vastes du grand génie dont la France aura toujours à s'enorgueillir, la Comédie française, notre première institution dramatique, fut l'objet d'une prédilection toute particulière, on pourrait même dire d'une sérieuse affection. Cette affection et cette estime ont inspiré le grand homme jusqu'au milieu des neiges de la Russie, et ce sont ces sentiments de haute protection et de bienveillance qui inspirent, nous en sommes convaincu, le digne héritier de son nom et de son trône.

Je crois donc devoir bien humblement soumettre à Sa Majesté l'Empereur ce modeste travail. Il ne se compose guère que de simples notes; mais ces notes émanent de sources officielles qui disent les faits dans leur simplicité naïve, tout en leur laissant le caractère de grandeur qui est inséparable du temps.

Je le répète, je ne prétends pas écrire une histoire. L'histoire de la Comédie française, depuis son origine jusqu'à nos jours, n'est pas autre chose que l'œuvre tout entière de la vie d'un homme, d'un écrivain savant, assidu et érudit; encore ne pourrait-il accom-

plir ce labeur immense qu'aidé par les travaux antérieurs de ses devanciers.

Je publie donc seulement des documents,
dont la plupart sont inédits, pour prouver
que la Comédie française est un monument
impérissable, et que le plus grand génie des
temps modernes a mis une de ses gloires les
plus chères à consolider ce monument et à en
perpétuer la durée.

Voilà pourquoi je mentionne les actes constitutifs de la Comédie française, depuis son
organisation jusqu'à nos jours ; voilà pourquoi j'insiste sur les années écoulées de 1802
à 1814. C'est non pas l'histoire, mais le tableau de l'histoire d'un règne pour le Théâtre-Français.

LES RÈGLEMENTS

DU

THÉATRE-FRANÇAIS,

Depuis son établissement, en 1680, jusqu'à l'acte de société
du 27 germinal an XII (17 avril 1804).

La trace des origines de la Comédie française se retrouve partout. On sait que l'existence légale de notre premier théâtre, tel qu'il existe encore aujourd'hui, date de l'acte de réunion des deux troupes de l'hôtel de Bourgogne et de l'hôtel Guénégaud. Le théâtre de l'hôtel de Bourgogne remonte à 1552. En 1658, Molière commence ses représentations au faubourg Saint-Germain, près de l'Abbaye, et plus tard dans la salle du Petit-Bourbon, sur l'emplacement du Louvre, sous le nom d'*Illustre* théâtre. En 1660, Molière et ses acteurs entrent en possession de la salle du Palais-Royal, à peu près dans la direction de la rue des Bons-Enfants actuelle, et prennent le titre de troupe de *Monsieur*, pour devenir enfin troupe du Roi en 1665. Molière mort, ses comédiens réunis, le 9 juillet 1673, aux acteurs du Marais, s'installent à l'hôtel Guénégaud, rue des Fossés-Saint-Germain-des-Prés, aujourd'hui rue Mazarine. C'est là que la jonction de cette troupe avec celle de l'hôtel de Bourgogne s'opère, en 1680, par la volonté suprême de Louis XIV. La Comédie française est fondée.

Cent dix années s'écoulent jusqu'au moment où, en 1790, la Comédie française entre, par la force des événements, dans une voie nouvelle, celle du désordre, résultat d'une liberté sans limites. L'histoire dramatique de ce grand siècle, qui est le dix-huitième, n'existe pas ; ou plutôt les fragments en sont épars çà et là dans les correspondances du temps, celle de Voltaire, par exemple, celle de Grimm, et d'un grand nombre de littérateurs de tous les rangs, qui préludaient, dans leurs épanchements intimes, aux journaux qui naquirent avec la révolution. Les frères Parfaict n'ont qu'ébauché cet immense travail, et d'ailleurs ils ont écrit bien plutôt les origines du théâtre en France que l'histoire de la Comédie française proprement dite. Le dictionnaire de Léris, celui du chevalier de Mouhy, très-inexact, le catalogue de la Vrillière, Cailhava et quelques autres, ne sont que des compilations, des nomenclatures ou des aperçus dans le genre de ces petits almanachs de spectacles, si précieux, qui ont disparu avec le dix-huitième siècle, où l'on ne trouve guère que des notes et de sèches chronologies, mais que l'on est encore bien aise de consulter, et que l'on devrait remettre au jour, maintenant qu'on édite par milliers des almanachs sur n'importe quoi, même sur rien.

Il y aurait donc, pour la Comédie française, une double histoire à tracer : celle de l'institution et celle du mouvement littéraire pendant plus de cent années, ces deux études réunies formant un vaste ensemble, un véritable monument.

Il faut espérer que ce magnifique travail s'accomplira. Pendant un long siècle, la Comédie française résume en elle-même l'art dramatique tout entier.

En vertu de quels actes existait la Comédie française, lorsque, sous le Consulat, Napoléon, de sa main puissante, en réunit les nobles débris pour lui restituer son ancien lustre ; c'est ce que nous allons essayer de rappeler en traits rapides, en ayant soin de donner quelques textes, qui sont comme les principales colonnes de l'édifice, textes d'autant plus curieux et inappréciables, que tous les règlements postérieurs, tous les actes consécutifs promulgués depuis lors sont venus, pour ainsi dire, se greffer sur ces assises qu'on n'a jamais détruites, mais consolidées.

La plupart des documents qui vont suivre sont inédits.

Il existait, avant la réunion émanée de la volonté de Louis XIV, un acte de société, en date du 12 avril 1679. Cet acte rappelle que, le 3 mai 1673, un peu plus de deux mois après la mort de Molière, les sieurs Guérin, Varlet de la Grange, Hubert, de Rosimont, Gassot de Croisy, et mesdames Armande Béjart la veuve Molière, Ragneau de la Grange, Angélique Gassot et Catherine Leclerc la veuve de Brie, formèrent une convention pour continuer à représenter le répertoire de Molière dans la salle de spectacle située rue Mazarine, appartenant aux sieurs Alexandre de Rieux, marquis de Sourdéac, et Champron ; que l'achat du mobilier, décors, machines, etc., fut stipulé moyennant la somme de 30,000 livres, dont 14,000 livres payées au comptant, et les 16,000 livres restant, représentant deux parts dans les bénéfices alloués aux sieurs Sourdéac et Champron. Quelques années plus tard, des contestations s'élevèrent entre les vendeurs et les sociétaires, qui s'étaient adjoints, pour compléter leur troupe, les sieurs Dauvilliers, Dupin, Verneuil, et mesdames Poisson Dauvilliers, Louise Jacob et Judith Guyot. Ces contestations amenèrent pour résultat la stipulation nouvelle de servir au marquis de Sourdéac et à Champron une pension viagère de mille livres. C'est alors, le 12 avril 1679, qu'intervinrent M. de Champmeslé et Marie Desmares, sa femme, tous deux appartenant au théâtre de l'hôtel

de Bourgogne, et venant prêter l'appui de leur talent
et de leur grande influence à la troupe de Molière.
Le nouvel acte de société fut arrêté pour vingt ans,
et l'hôtel de Bourgogne ne devait pas résister longtemps au coup fatal qui venait de lui être porté. Il
n'y avait plus qu'un mot à dire pour opérer d'une
manière définitive la fusion des deux troupes. Ce
mot, c'est Louis XIV qui le dit.

Les ordres de Louis XIV, pour la réunion des
comédiens français des hôtels de Guénégaud et de
Bourgogne, sont en date des 18, 23 et 26 août 1680,
et une lettre de cachet du roi, du 22 octobre 1680,
dont voici le texte :

« Sa Majesté aïant estimé à propos de reünir
« les deux troupes de comédiens établis à l'hôtel de
« Bourgogne, et dans la ruë Guenegaud à Paris,
« pour n'en faire à l'avenir qu'une seule , afin de
« rendre les représentations des comédies plus par-
« faites par le moyen des acteurs et actrices ausquels
« elle a donné place dans ladite troupe, Sa Majesté
« a ordonné et ordonne qu'à l'avenir lesdites deux
« troupes de comédiens françois seront réunies pour
« ne faire qu'une seule et même troupe, et sera
« composée des acteurs et actrices dont la liste sera
« arrêtée par Sa dite Majesté : pour leur donner
« moyen de se perfectionner de plus en plus, Sa dite
« Majesté veut que ladite seule troupe puisse repré-

« senter les comédies dans Paris, faisant défense à
« tous autres comédiens françois de s'établir dans
« la ville et fauxbourgs de Paris sans ordre exprès
« de S. M. Enjoint S. M. au sieur de la Reynie,
« lieutenant général de police, de tenir la main à
« l'exécution de la présente ordonnance. Fait à
« Versailles, le 22 octobre 1680, signé Louis et
« plus bas *Colbert*, et scellé. »

Les acteurs et actrices appelés à composer la
troupe unique de Louis XIV étaient :

Les sieurs de Champmeslé, de la Grange, Guerin,
de Beauval, du Croisy, de Verneuil, Hubert, de Rosi-
mond, Dauvilliers, Michel Baron, Raymond Poisson,
la Thuillerie, Raisin, de Villers, Hauteroche; et mesdames de Champmeslé, de la Grange, Guerin veuve
Molière, de Beauval, de Croisy, de Brie, Louise Baron, Raisin, Lecomte, d'Ennebault, Dupin et Judith
Guyot. Soit vingt-sept sociétaires et vingt parts à
distribuer.

La première représentation par les deux troupes
réunies eut lieu le 14 avril 1681.

Mais Louis XIV ne se borne pas à une simple lettre de cachet; il veut assurer le sort et l'avenir de
ses comédiens, dont il vient de régler l'établissement;
et le 24 août 1682, il leur accorde une pension de
12,000 livres (premier exemple de subvention), en

vertu d'un brevet dont voici la teneur, textuellement reproduite :

AUJOURD'HUI, vingt-quatrième jour du mois d'aoust mil six cent quatre-vingt-deux,

LE ROY estant à Versailles, voulant gratifier et traiter favorablement la troupe de ses comédiens françois, en considération des services qu'ils rendent à ses divertissements, SA MAJESTÉ leur a accordé et fait don de la somme de douze mille livres de pension annuelle et viagère, pour en être payez sur leurs simples quittances, par les gardes de son trésor royal, présents et à venir, chacun en l'année de son exercice, en vertu du présent brevet que Sa Majesté a, pour assurance de sa volonté, signé de sa main et fait contre-signer par moy, conseiller secrétaire d'État et de ses commandements et finances.

LOUIS.   COLBERT.

Les 23 avril et 29 octobre 1685, le duc de Saint-Aignan délivre aux comédiens une augmentation de règlement conformément aux ordres de Mme la Dauphine, ledit règlement portant les parts à vingt-trois et arrêtant à mille livres la pension de retraite.

Le 22 septembre 1687, un contrat stipulé entre les sociétaires, reconnu par arrêt du conseil du roi, le 1er mars 1688, porte, entre autres dispositions, celle d'installer leur établissement dans le jeu de paume de l'Étoile, rue Saint-Germain des Prés.

Le 23 mars 1705, les comédiens passent un contrat devant notaires, par lequel la part entière que chaque acteur a acquise dans le fond de leur hôtel est fixée à 13,130 livres 15 sols, que la troupe est obligée de rembourser aux acteurs et actrices qui se retirent, ou aux héritiers de ceux qui décèdent. Enfin, deux ordres du roi, des 15 avril et 15 juillet 1725, contre-signés par le duc de Mortemart, portent expressément qu'il ne sera fait, à l'avenir, aucun changement ni innovation dans l'établissement des comédiens.

Il nous reste à connaître sommairement en quoi consistaient les anciens règlements qui régissaient la société des comédiens français. Les années ont pu apporter quelques modifications à ces règles primitives, elles ne les ont jamais complétement détruites. Ainsi, dès 1697, nous voyons que la compagnie se réunit tous les huit jours, en son hôtel; qu'on y délibère des affaires à discuter, et que l'administration est confiée à deux sociétaires dits *semainiers*. Le jeton de présence est de 30 sols.

Les pièces nouvelles sont soumises à la lecture de l'assemblée générale, qui décide à la pluralité des voix, par billets blancs ou noirs. Les auteurs disposent des rôles de leurs ouvrages à leur gré, *suivant le caractère de chacun*. Les acteurs ne peuvent pas refuser un rôle; à l'égard des auteurs-comédiens, on ne joue leurs pièces que l'été, l'hiver étant réservé à ce qu'on appelait les *auteurs externes* (1).

Depuis la Toussaint jusqu'à Pâques, les pièces nouvelles sont jouées jusqu'à concurrence de 550 livres de recette; au-dessous de cette somme, la pièce est abandonnée. Depuis Pâques jusqu'à la Toussaint, ce minimum est fixé à 350 livres. Les frais journaliers prélevés, la recette de chaque jour se partage en dix-huit parts, dont deux réservées à l'auteur d'une pièce en cinq ou quatre actes, une part seulement pour les petites pièces, et le reste, les seize ou dix-sept autres parts, appartenant à la société.

Quelques années plus tard, l'intervention des premiers gentilshommes de la chambre du roi devient plus directe. Ils gouvernaient le théâtre en maîtres absolus. Ainsi, nous voyons dans un règlement, en 1719, des ducs de Tresmes, d'Aumont, de Mortemart et de La Trémoille, que les auteurs doivent

---

(1) Cette disposition a été longtemps en vigueur; elle s'explique de la part d'une époque où un très-grand nombre de comédiens étaient auteurs distingués.

2.

présenter leurs pièces nouvelles au premier gentil-homme de la chambre (commencement de la censure dramatique). Et encore : les comédiens doivent jouer alternativement une pièce sérieuse et une pièce comique, sous peine de 300 livres d'amende ; ils ne peuvent se refuser à jouer les rôles qui leur sont distribués, soit en premier, en double ou en troisième ; il est défendu, dans les assemblées, de parler d'autres choses que de celles pour lesquelles l'assemblée a été convoquée. Le doyen de la société tient le registre des délibérations. Il n'est pas accordé de congés sans permission. Enfin, les semainiers doivent rendre compte aux surintendants de tout ce qui s'est passé, à la Comédie, après chaque semaine écoulée.

Nous arrivons à l'un des actes constitutifs les plus importants de la Comédie française, celui du 9 juin 1758, passé devant notaires et signé par la Thorillière, Armand Huguet, Sarrazin, Grandval, Dangeville, Dubois, de Bonneval, Paulin, Lekain, de Bellecour, Préville, Brizard, et Mmes Delamotte, Gaussin, Grandval, Dumesnil, Lavoy, Drouin, Brillant, Hus, Guéant et Préville.

Par cet acte, le fonds de la société et établissement est fixé à 200,807 livres 16 sols 6 deniers. On voit que la Comédie française a pris de l'extension, et que le mouvement des affaires y est devenu en rapport avec le spectacle offert par les plus grands

auteurs et les plus grands acteurs que la France ait
jamais produits (expressions d'un arrêt du conseil du
roi, 18 juin 1757). Le nombre des parts reste fixé
à vingt-trois, et chaque part intégrale est de 8,730
livres 15 sols 5 deniers. La durée du service d'un
sociétaire est limitée à vingt années au plus et quinze
années au moins, avec pension de retraite de 1,000
livres ; néanmoins, un artiste jugé nécessaire, même
après vingt années d'exercice, ne peut pas se retirer ; mais, au bout de trente années révolues, il a
droit à 1,500 livres de pension. Les fonctions de semainiers continuent à consister dans l'administration, la police intérieure et la discipline de la troupe,
sous la juridiction des surintendants. Le caissier,
seul chargé des recettes et des dépenses, ne peut
faire un seul payement que sur mandats signés des
trois semainiers et de six personnes, tant acteurs
qu'actrices. A la fin de chaque mois, les registres
des recettes et dépenses doivent être soumis au con-
trôle d'un des surintendants des menus.

Sur le produit de la recette sont prélevés (voici le
droit des pauvres actuel sous une autre forme) les
trois cinquièmes du quart pour l'hôpital général, le
dixième en faveur de l'Hôtel-Dieu, une rente annuelle
de 250 livres, due à l'abbé de Saint-Germain des
Prés, et d'autre part les pensions viagères, les intérêts de fonds, les appointements, etc.

La pension de 12,000 livres accordée par

Louis XIV est divisée en vingt-trois parts insaisissables.

Les titres et papiers des archives sont scellés et mis sous la sauvegarde du plus ancien semainier et du notaire de la société. Les représentations sont quotidiennes, sans qu'il soit possible de se soustraire à cette obligation.

Quelques-unes de ces clauses inébranlables ne semblent-elles pas comme un avant-coureur, un pressentiment du décret de Moscou ?

En 1763, le 27 septembre, le duc de Duras prend un arrêté qui interdit aux comédiens d'aller à l'étranger sans une permission expresse.

Le 19 mars 1776, le duc de Richelieu demande un tableau raisonné d'une troupe assez complète pour assurer en tout temps le service de la cour et de la ville. Le duc de Richelieu ne se plaindrait pas, aujourd'hui que le personnel de 1853 est exorbitant et atteint le chiffre de soixante personnes.

Je disais plus haut que les premiers gentilshommes de la chambre du roi étaient les maîtres absolus de la Comédie française, tout en respectant la question de propriété et en laissant aux comédiens le soin de régler leurs intérêts. Mais il s'agit d'administration, et ces premiers gentilshommes de la chambre administraient, et je n'en veux pour preuve qu'un document très-curieux du 1ᵉʳ avril 1768. Les ordres donnés y sont formels et impératifs, et cependant l'État, à cette époque, ne subventionnait pas le Théâtre-Français ; seulement, le roi gratifiait selon les services rendus et les occasions. Il est vrai que ces premiers gentilshommes avaient le sentiment de la justice et de la dignité du Théâtre-Français.

Donc les ducs de Richelieu et de Duras disaient en 1768 :

« Pour remédier aux abus contraires à la satisfaction du public et *aux intérêts des comédiens*, abus qui proviennent de l'inexécution des règlements, le comité ayant été constitué pour tenir la main à l'exécution de nos intentions, ordonnons audit comité d'imposer une amende de 300 livres contre ceux ou celles qui s'écarteraient des règlements..... Il sera fait un état général de toutes les pièces du répertoire, et afin que l'intrigue et le caprice ne président pas à la distribution des rôles, nous ferons nous-mêmes cette distribution... Ordonnons qu'à l'avenir toutes pièces appartenant au répertoire ne pourront plus être distribuées par l'auteur, *les auteurs n'ayant effectivement de droits, pour la distribution de leurs ouvrages, que dans la nouveauté.....* Les acteurs en chef doivent jouer avec la même assiduité les rôles médiocres que ceux qui leur plaisent le plus..... Pour que les doubles puissent se former, nous ordonnons très-expressément aux acteurs en premiers de se laisser doubler le vendredi de chaque semaine... La négligence des comédiens à jouer les pièces qu'ils ont arrêtées à leur assemblée du lundi, étant une chose de plus en plus nuisible aux intérêts de la Comédie et au service du public, nous ordonnons de nouveau que le répertoire soit fait pour quinze jours, sans que qui que ce soit puisse s'opposer aux pièces proposées que sur des raisons valables..... »

Les mêmes injonctions se renouvellent à différentes époques et à des intervalles très-rapprochés, le 14 février, le 1er et le 14 avril 1774, le 1er mai 1775. Depuis 1770, la Comédie française avait quitté la rue Mazarine, et, en attendant la construction d'une nouvelle salle, avait trouvé un asile au palais des Tuileries. C'est là que, par le rapprochement le plus bizarre, le grand précurseur de la Révolution, qu'il ne devait jamais voir, heureusement pour lui, Voltaire, fut publiquement couronné, à deux pas de cette royauté dont il avait pendant si longtemps sapé les fondements. Les comédiens ne prirent possession de leur nouveau théâtre, construit sur l'emplacement de l'hôtel de Condé (aujourd'hui l'Odéon), qu'en 1782.

Le roi Louis XVI suivait, du reste, exactement les traditions de ses prédécesseurs en ce qui concernait la Comédie française. Le dernier règlement, le plus important et qui est resté en vigueur jusqu'à la dernière heure, est du 12 mai 1780, et ce règlement, très-étudié et très-paternel, a pour but de fixer d'une manière définitive les intérêts respectifs des auteurs dramatiques et des comédiens, préparant ainsi, par d'équitables et très-progressives mesures, la position conquise aujourd'hui par les écrivains. Et Louis XVI ne se contente pas de sanctionner les anciens décrets en y ajoutant des dispositions nouvelles : par lettres patentes du 14 février 1789, il fixe les pensions de retraite à 2,000 fr., après vingt années de service, en les augmentant de 100 fr. par chaque année supplémentaire, et à 3,000 fr. après l'expiration de trente années.

Je ne pousserai pas plus loin des investigations dont j'ai été obligé de résumer les résultats le plus possible. Ce qu'il importe de savoir, et ce que je crois avoir établi par des faits et des documents à l'appui, c'est la nature de l'institution de la Comédie française et de son administration. Les comédiens sont sociétaires, leur propriété est la conséquence de leur exploitation, et ils s'administrent eux-mêmes sous la juridiction du roi, leur protecteur, et les ordres des représentants du roi. L'autorité des premiers gentilshommes s'étend aux plus minimes détails : aux débuts, aux réceptions, à la nomination des comités, aux retraites des comédiens, aux gratifications, à la fixation des pensions, au répertoire, à la distribution des rôles, au classement des emplois. Ainsi, le 12 octobre 1772, le duc de Duras écrit une lettre autographe pour défendre de doubler les rôles dans les pièces de Molière ; ainsi encore, et la recommandation a son côté comique, M. Amelot rappelle à M. de La Ferté que les comédiens ne peuvent occuper plus d'une place dans les voitures du roi, *excepté M. Desessarts* (très-certainement en raison de l'obésité bien connue de cet acteur). En un mot, on n'oubliait rien.

C'est en raison de cet admirable rouage de combinaisons intérieures que la Comédie française a traversé plus de deux siècles dans un état de grandeur et de prospérité sans égales. Pour détruire la Comédie française, il a fallu anéantir et bouleverser le monde social tout entier.

Ceci est l'œuvre de la Révolution.

Dès le 12 octobre 1789, les premiers gentilshommes de la chambre disparaissent, et le Théâtre-Français est prévenu qu'à l'avenir il doit s'adresser au Maire de Paris pour toutes les affaires qui concernent la Comédie ; nous voilà sous le régime de la municipalité, et ce n'est que le commencement d'une lamentable histoire. Le 11 septembre 1790, la légitimité des sommes accordées par la royauté à la Comédie est repoussée par le Trésor. De là à des mesures plus coercitives il n'y a pas loin. En 1793, le Théâtre-Français était fermé, et les comédiens incarcérés, hommes et femmes, étaient désignés pour passer en jugement, ce qui équivalait à une condamnation à mort, comme chacun sait.

Comme j'ai déjà expliqué que je n'écrivais pas

une histoire du Théâtre-Français, je ne suivrai pas
les comédiens dans leur proscription et leurs péré-
grinations malheureuses. Qu'on ouvre le curieux
travail de MM. Étienne et Martainville et on retrou-
vera la Comédie à l'Odéon, au Théâtre-Feydeau,
au Théâtre-Louvois, au Théâtre du Marais, au
Théâtre-Français de la République, rue Richelieu,
dernière scène qui devait leur donner un asile définitif.

Rapprocher tous les éléments divers qui com-
posaient l'ancien Théâtre-Français n'était pas une
tâche facile. La dispersion des artistes, la tourmente
révolutionnaire qui avait fait naître des intérêts divers, les guerres de l'amour-propre, les opinions
politiques opposées, les persécutions dont quelques
comédiens avaient été les victimes et dont quelques
autres étaient accusés d'avoir été les instigateurs,
tout semblait s'opposer à un rapprochement. Déjà, à
un repas donné chez un des membres du Directoire,
on avait essayé d'y parvenir, mais sans résultat. Il
fallait, pour y arriver, une main puissante et l'influence du nom de Napoléon, qui grandissait. La
gloire qu'avait eue Louis XIV de créer notre première institution dramatique, il était réservé au Premier Consul, et plus tard à l'Empereur Napoléon, de
l'égaler en réédifiant le monument délabré et en
l'établissant sur des bases désormais inébranlables.

La salle actuelle du Théâtre-Français, rue Richelieu, fut commencée en 1787, sur l'emplacement qui

formait autrefois le jardin des Princes et terminée
en 1790. Elle a coûté plus de trois millions. Ce
magnifique édifice est dû à l'architecte Moreau, qui
s'était rendu célèbre par la construction du théâtre
de Bordeaux. L'ouverture, par les comédiens français réunis, eut lieu, le 31 mai 1799, par le *Cid* et
l'*École des maris ;* mais tous les artistes n'étaient
pas encore rentrés dans la maison commune. Ils ne
le firent qu'au fur et à mesure de l'expiration de
leurs engagements dans les autres théâtres et sous
l'impulsion des événements, qui confirmaient de plus
en plus la consolidation d'un gouvernement fort et
régulier.

Enfin, l'organisation définitive de la Comédie
française, arrêtée par le Premier Consul, fut signée
à Saint-Cloud, le 28 nivôse an XI (18 janvier 1803),
et c'est en vertu de cette organisation que les comédiens passèrent, le 27 germinal an XII (17 avril
1804), un acte de société qui est resté la constitution commerciale de la Comédie française, comme
le décret de Moscou en est la constitution administrative.

Nous mettons sous les yeux de nos lecteurs ce
document tout entier, en raison de sa très-grande
importance, en le faisant suivre du décret de Moscou.

Par-devant Me Hua et son collègue, notaires à Paris, soussignés, furent présents :

MM. 1° Boutet Monvel , 2° Gourgaud dit Dugazon, 3° Albouy Dazincourt, 4° Bénard Fleury, 5° Laferrière dit Florence, 6° Foucault Saint-Prix, 7° Meynier Saint-Fal, 8° Naudet, 9° Larochelle, 10° Talma, 11° Fouchard Degrand-Mesnil , 12° Pichu Duval, 13° Caumont, 14° Michot, 15° Eustache Anselme-Baptiste jeune, 16° Damas, 17° Nicolas Anselme-Baptiste aîné, 18° Benoît Roussel , 19° Lafond, 20° Poulot Després, 21° Lacave ;

Mmes 1° Broquin Lachassaigne , 2° Saucerotte Raucourt, 3° Ve Suin, née Vriot ; 4° Contat (Louise-Françoise), 5° Thénard , 6° Devienne, 7° Contat (Émilie), 8° Talma, née Vanhove; 9° Mezeray, 10° Desbrosses, 11° Mars Boutet, 12° Volnais, 13° Duval-Desrosiers :

Tous comédiens français réunis en leur salle d'assemblée dépendante de l'hôtel du Théâtre-Français, rue de la Loi ;

Lesquels, en exécution de l'article onze de l'organisation du Théâtre-Français, arrêtée par M. Rémusat, préfet du palais du gouvernement, chargé de la surintendance du Théâtre-Français, le vingt-huit nivôse an onze, ont réglé et arrêté les conditions de la société qu'ils entendent former pour l'exploitation du Théâtre-Français, le tout de la manière et ainsi qu'il suit :

ARTICLE 1er.

Les comédiens français, comparants, se font associés pour l'exploitation du Théâtre-Français à Paris.

ARTICLE 2.

Cette société a commencé à compter du premier pluviôse an onze, et sa durée est illimitée.

ARTICLE 3.

Elle sera purement commanditaire sous l'autorité expresse du gouvernement, au moyen de quoi chacun desdits sociétaires partagera les bénéfices de la société, en raison de la portion qu'il y aura, et en supportera les charges dans la même proportion, seulement sur les produits de ladite portion, sans qu'il puisse être établi aucune solidarité entre eux, et sans que leurs biens, meubles et immeubles personnels en soient aucunement chargés.

ARTICLE 4.

La société se divise en vingt-cinq parts qui sont réduites à vingt-trois, dont une restera en séquestre pour les besoins imprévus.

Ces vingt-cinq parts seront distribuées et appartiendront auxdits sociétaires, dans les proportions fixées par un état arrêté par le préfet du palais du gouvernement, chargé de la surintendance du Théâtre-Français.

ARTICLE 5.

Chaque part sera susceptible de sous-division ; aucun comédien ne pourra être admis dans la société à moins d'un quart de part.

ARTICLE 6.

Après deux années, tout sociétaire à quart de part aura droit à un huitième de part, et, dans le cas où il ne vaquerait pas à cette époque une part ou portion de part, dans laquelle il pût prendre ce huitième, il prélèvera sur la part en réserve.

ARTICLE 7.

Nul sociétaire ne pourra parvenir à une portion plus considérable que les trois huitièmes de part, dont il est parlé dans l'article précédent, que par délibération du comité d'administration conformément aux règlements.

ARTICLE 8.

Le tiers seulement du produit de la part ou portion de part d'un sociétaire pourra être cédé par lui et saisi par ses créanciers ; le surplus est expressément réservé audit sociétaire pour ses aliments et habillements ; ce tiers, en cas de cession, saisie ou opposition, sera retenu par le caissier pour être distribué entre ses créanciers, tel que de droit, conformément aux anciens usages et règlements ; il en sera de même à l'égard des appointements des comédiens à appointements qui se trouveront attachés à tel titre que ce soit.

ARTICLE 9.

Les comédiens sociétaires actuellement en activité sont et demeurent classés conformément au tableau arrêté par le préfet.

A l'avenir ils le seront suivant leur rang d'ancienneté dans l'emploi que désignera leur titre de réception.

ARTICLE 10.

Le droit d'ancienneté datera, pour les sociétaires, du jour de leur réception, et le droit à la pension, du jour même de leurs débuts.

DÉBUTS ET ADMISSIONS.

ARTICLE 11.

Aucun sujet, après ses débuts, ne sera admis qu'à l'essai; cet essai durera plus ou moins longtemps, selon que le gouvernement ainsi que le comité d'administration le jugeront convenable, et ne pourra néanmoins être moindre d'un an.

RETRAITES ET PENSIONS.

ARTICLE 12.

Après vingt ans de service seulement, tout sociétaire prendra sa retraite; à moins que le gouvernement et le comité d'administration n'en décident autrement.

ARTICLE 13.

Le sociétaire qui se retirera après vingt ans de service aura droit à une pension viagère de deux mille francs de la part du gouvernement, et à une pension égale de la part de la société.

Si à l'expiration desdites vingt années il continue d'exercer, chacune des pensions sera augmentée de cent francs par chacun an au delà desdites vingt années, jusqu'à sa retraite.

ARTICLE 14.

Conformément à l'article trente-huit de l'organisation de la société, la pension de la société sera considérée comme secours alimentaire, et ne pourra conséquemment être saisie par aucun créancier.

ARTICLE 15.

S'il survient à l'un des sociétaires des accidents ou infirmités avant le terme de vingt années, qui le mettent hors d'état de continuer son service, il aura droit à une quotité ou à la totalité de la pension de deux mille francs de la société, sauf le recours du sociétaire au gouvernement pour raison de la pension qu'il accorde dans les cas pareils, prévus par les règlements. La nature, la cause ou la gravité desdits accidents ou infirmités seront préalablement constatées par deux médecins et deux chirurgiens désignés par le comité d'administration.

ARTICLE 16.

Le payement des arrérages des pensions sera fait de trois mois en trois mois.

ARTICLE 17.

Pour assurer et effectuer le payement des pensions de la société, il sera établi un revenu annuel de cinquante mille francs. qui sera destiné au payement des arrérages.

ARTICLE 18.

La somme nécessaire pour produire ces cinquante mille francs sera fournie, par les sociétaires, sur les produits de la recette de la Comédie française ; la retenue de cette somme sera faite par le caissier de la Comédie française, à raison de cinquante mille francs par année, savoir :

Six mille francs par chaque mois d'hiver, à compter du premier vendémiaire jusqu'au premier germinal, et deux mille trois cent trente-trois francs trente-trois centimes, à compter du premier germinal jusqu'au premier vendémiaire.

ARTICLE 19.

Ces sommes seront remises de mois en mois, par le caissier, entre les mains du notaire de la société, pour être par lui placées à mesure desdites remises sur le Mont-de-piété, par la nue propriété, au profit des sociétaires du Théâtre-Français, collective-

5

ment et pour l'usufruit, à celui des pensionnaires dudit Théâtre-Français.

Les intérêts de ces sommes ainsi placées seront ajoutés aux capitaux progressivement, jusqu'à la formation dudit capital nécessaire productif desdits cinquante mille francs, et sauf cependant la retenue annuelle pour l'acquittement desdites pensions.

ARTICLE 20.

Le fonds desdits cinquante mille francs appartiendra à la masse générale de la société, pour la nue propriété, pour former le gage desdites pensions; en conséquence, aucun des comédiens pensionnaires, ni même la masse générale de ladite société, ne pourra en rien distraire, ni en disposer pour quelque cause que ce soit; même dans le cas de dissolution de la société par le fait desdits sociétaires, force majeure ou cas imprévus.

ARTICLE 21.

Et, attendu que chacun desdits sociétaires contribuera à la formation dudit capital de cinquante mille francs de revenu, à raison de sa part dans ladite société, par le fait de la retenue ci-dessus exprimée, la portion pour laquelle il aura contribué pendant son exercice lui sera remboursée, ou à ses héritiers, dans les trois mois qui suivront l'époque de sa retraite ou de son décès, avec l'intérêt sur le pied du denier vingt, sans retenue, à compter du jour de sa retraite ou de son décès.

ARTICLE 22.

Aucun desdits sociétaires ne pourra aliéner la portion pour laquelle il aura contribué dans le fonds desdites pensions; ses créanciers ne pourront saisir ni arrêter ce même fonds, à l'effet de quoi chaque sociétaire abandonne dès à présent à la masse desdits comédiens pensionnaires la jouissance de ladite portion, sauf à ladite société à acquitter ladite portion aux époques ci-dessus déterminées, et sauf aux créanciers saisissants à faire valoir leur saisie à compter du jour desdites retraites ou décès.

ARTICLE 23.

Pour assurer auxdits pensionnaires retirés l'emploi desdits fonds, et conséquemment le payement de leurs pensions, chacun desdits emplois ne pourra être fait que de concert avec deux de leurs commissaires, qu'ils nommeront; il en sera de même lorsqu'il y aura lieu au recouvrement desdites sommes, qui ne pourra être fait qu'en la présence et du consentement desdits commissaires. Toutes ces opérations ne pourront être faites qu'en présence et du consentement du commissaire du gouvernement.

ARTICLE 24.

Lorsque le capital placé sur le Mont-de-piété s'élèvera à une somme excédant le tiers de la somme qui, suivant le cours alors connu, devra produire un revenu annuel de cinquante mille francs, le notaire dépositaire, sous l'autorisation desdits commissaires nommés par les pensionnaires, de deux autres nommés par les sociétaires, et du commissaire du gouvernement, pourra retirer de l'administration du Mont-de-piété, moitié de la somme qui y aura été déposée, pour ladite moitié être par lui placée, par contrat de constitution ou obligation par première hypothèque, sur des biens immeubles situés dans le ressort du tribunal de première instance du département de la Seine, dont la valeur excédera le double des sommes prêtées; il en sera de même agi jusqu'à l'époque où le capital sera complet, de manière qu'à cette époque il soit placé moitié dans la caisse de l'administration du Mont-de-piété, et l'autre moitié, soit, sur l'État, soit par première hypothèque sur des propriétés particulières.

ARTICLE 25.

Tous les contrats, obligations ou reconnaissances qui seront souscrits, et les inscriptions qui seront prises, le seront collectivement au profit des sociétaires du Théâtre-Français; pour la nue propriété, et pour l'usufruit à celui des pensionnaires du Théâtre-Français, sans cependant que chacun desdits pensionnaires puisse prétendre audit capital.

5.

ARTICLE 26.

Dans le cas où, par tel événement que ce soit, lesdits capitaux éprouveraient des réductions ou viendraient à être perdus en tout ou en partie, il sera fait un prélèvement de sommes suffisantes pour compléter un capital productif de cinquante mille francs de revenus, et ce sur les recettes de la Comédie, dans la même proportion que celle indiquée en l'article dix-huit ci-dessus.

Dans tous les cas, les pensions seront payées sur les recettes de la Comédie, sauf à la société à se couvrir, s'il y a lieu, sur les fonds dont le prélèvement a été ci-dessus énoncé.

ARTICLE 27.

Arrivant la dissolution de ladite société, le fonds des pensions appartiendra aux artistes alors en exercice, et néanmoins continuera de servir les arrérages des pensions, tant des artistes retirés que ceux alors en exercice qui y auront droit.

ARTICLE 28.

Au fur et mesure des extinctions, les fonds devenus libres serviront à remplir les sociétaires des retenues à eux faites qui leur resteront dues; en cas d'insuffisance, ils supporteront la perte au marc le franc, et en cas d'excédant, ils partageront le bénéfice au prorata des parts qu'ils avaient dans la société.

COMITÉ D'ADMINISTRATION.

ARTICLE 29.

Les fonctions du comité, sous le rapport de l'administration sont : d'inspection, de surveillance et de proposition; elles sont réglées, ainsi que la police des assemblées et de tout ce qui concerne l'administration, par un règlement particulier.

ARTICLE 30.

Les membres ne pourront, sous peine de responsabilité person-
nelle, ordonnancer aucune somme au delà de cent francs sur le
même objet sans l'aveu de la société assemblée, ni faire aucune
poursuite judiciaire sans l'avis signé des membres composant le
conseil de la société.

ARTICLE 31.

La police, tant des assemblées du comité que des assemblées
de la société, ainsi que de détails d'administration, sera fixée par
un règlement particulier.

ARTICLE 32.

COMPTABILITÉ. Les recettes seront faites et les dépenses de la
société acquittées par un caissier choisi par la société et agréé
par le gouvernement.

ARTICLE 33.

Aucun parent de comédien en activité ne pourra en remplir les
fonctions.

ARTICLE 34.

Sans rien préjuger sur le cautionnement des soixante mille
francs fourni en inscriptions par le sieur Cormeille, caissier actuel,
ses successeurs seront tenus de fournir un cautionnement de
soixante mille francs, en immeubles de valeur double.

ARTICLE 35.

Dans le cas où les immeubles qui seraient offerts à titre de cautionnement seraient grevés d'hypothèques, ils ne seront reçus
qu'autant que leur valeur sera du double des hypothèques qui
existeront et des soixante mille francs de cautionnement.

ARTICLE 36.

Ce cautionnement ne sera reçu qu'après examen préalable des titres de propriété des immeubles et du certificat du conservateur des hypothèques, et sur le rapport qui en sera fait par le notaire de la société ou un autre membre du conseil.

ARTICLE 37.

Celui qui se rendra caution du caissier sera tenu de fournir aux-dits sociétaires, aux frais du caissier, copie collationnée en bonnes formes des titres de propriété desdits biens; ces copies seront dé-posées entre les mains du notaire de ladite société, et ne seront remises à la caution que lorsqu'elle sera entièrement déchargée de son cautiónnement.

ARTICLE 38.

Les inscriptions et actes nécessaires pour la conservation dudit cautionnement seront faits et renouvelés, quand il y aura lieu, aux frais dudit caissier.

ARTICLE 39.

Ladite caution ne pourra obtenir la mainlevée desdites inscrip-tions, oppositions ou autres actes conservateurs, qu'après l'apure-ment des comptes du caissier retiré ou décédé.

ARTICLE 40.

A la fin de chaque mois, les états de recettes et de dépenses seront visés et arrêtés par le commissaire du gouvernement et du comité.

ARTICLE 41.

Le caissier prélèvera, en la présence du commissaire du gouver-nement et des membres du comité, sur la recette :

1° Les honoraires des comédiens à l'essai et appointés, ainsi que la solde des employés et gagistes ;

2° Le montant des mémoires, tant pour dépenses courantes que pour fournitures extraordinaires ;

3° La somme prescrite pour le fonds et les arrérages des pensions de la société.

ARTICLE 42.

Le surplus sera partagé entre les sociétaires, suivant la portion de part déterminée pour chacun d'eux.

ARTICLE 43.

Le caissier est autorisé à toucher tous les six mois, à la caisse d'amortissement, les arrérages des cent mille francs de rente accordés par le gouvernement, ainsi que toutes autres rentes et sommes qui pourront être accordées à la société, à tel titre que ce soit.

ARTICLE 44.

Dans le courant du même mois, il soldera, sur les états dressés par le commissaire du gouvernement et visés par le préfet :

1° Un semestre du loyer de la salle, déduction faite de l'imposition foncière ;

2° Un semestre des pensions accordées aux artistes retirés ;

3° Un semestre des indemnités pour supplément d'appointements accordés par le gouvernement.

ARTICLE 45.

A la fin de chaque année, le caissier dressera un compte général des recettes et des dépenses, tant pour les fonds de la société que pour les fonds accordés par le gouvernement ; ce compte sera arrêté définitivement par l'assemblée générale, en la présence du commissaire du gouvernement et des membres composant le conseil de la Comédie.

PIÈCES NOUVELLES.

ARTICLE 46.

Aucune pièce ne pourra être représentée, sur le théâtre desdits sociétaires, que revêtue de l'approbation du gouvernement.

DISCIPLINE.

ARTICLE 47.

Sera exclu de la société tout sociétaire qui aura été absent ou aura cessé son service six mois sans le consentement par écrit de la société, le tout sans préjudice des autres moyens de répression portés au règlement pour ces cas ou autres pareils.

ENCOURAGEMENTS ET RÉCOMPENSES.

ARTICLE 48.

Lorsque le gouvernement et les sociétaires jugeront convenable de prolonger au delà de vingt-cinq ans le service d'un sociétaire, le sociétaire vétéran joindra à son traitement d'activité le tiers de la pension de la société depuis vingt-cinq ans jusqu'à trente, la moitié depuis trente jusqu'à trente-cinq, et la totalité depuis trente-cinq jusqu'à sa retraite.

Cette mesure n'aura son exécution qu'à l'époque où les parts de la société seront réduites à vingt-trois, ainsi qu'il est prescrit ci-dessus.

ARTICLE 49.

Tout sociétaire ayant servi trente ans aura droit au produit d'une représentation, à son choix, donnée par ses camarades lors de sa retraite de ladite société.

ADHÉSION A L'ACTE DE SOCIÉTÉ.

ARTICLE 50.

Les artistes qui seront par la suite reçus comme sociétaires seront tenus de prendre communication du présent acte de société ensemble des règlements, et d'y adhérer par un acte particulier, en suite des présentes, dans la huitaine de leur réception.

Toutes les difficultés qui pourront s'élever entre les artistes, pendant l'existence et la durée de la présente société, sur aucunes clauses du présent acte, en ce qui touche leurs intérêts respectifs et en toutes matières contentieuses, seront jugées en dernier ressort par les membres composant le conseil de la Comédie.

La décision qui sera portée sera sans appel et sans recours en cassation.

CONSEIL.

ARTICLE 51.

Il y aura un conseil de la société.

ARTICLE 52.

Le conseil sera composé de jurisconsultes, notaires et avoués.

ARTICLE 53 ET DERNIER.

La société nomme, par ces présentes, pour composer son conseil, savoir :

MM. DELAMALLE,
    DESÈZE,
    BELLART, } anciens jurisconsultes ;
    BONNET,
    DENORMANDIE,
    HUA, notaire ;
    DECORMEILLE, avoué au tribunal d'appel de Paris ;

DUVERGIER,
GOMEL.

(Ces deux derniers avoués au tribunal de 1re instance.)

Ce fait en présence de François-René Mahérault, commissaire du gouvernement près le Théâtre-Français, demeurant à Paris, à l'École centrale du Panthéon, division du même nom, et encore en présence et de l'avis des sieurs :

Gaspart-Gilbert Delamalle,
Raimond Desèze,
Nicolas-François Bellart,
Louis-Ferdinand Bonnet,
Claude-Ernest Denormandie,
Vincent-Gallican Decormeille,
Duvergier,
Gomel.

Fait et passé à Paris en l'hôtel du Théâtre-Français, en l'assemblée desdits sociétaires, rue de la Loi, le 27 germinal an XII de la République française.

Ont adhéré au présent acte les suivants :

Le 16 thermidor an XII.	Mmes Bourgoin.
	Georges Weimer.
	Raffin Duchenois.
Le 7 frimaire an XIV.	Chevetel, née Nones Fleury.
Le 13 mai 1809.	Leverd.
Le 27 avril 1811.	MM. Perrin Thénard.
	Lechauve de Vigny.
Le 3 mars 1812.	Michelot.
Le 10 août 1816.	Dépôt des pièces concernant la rente de 100,000 fr. 5 0/0 sur l'État.
Le 17 octobre 1816.	Modifications aux articles 19 et 23 de l'acte de société.

Ont adhéré à ce dernier acte les suivants :

Le 23 décembre 1816.	MM. les commissaires des pensionnaires du Théâtre-Français.

Le 27	janvier	1817.	M. Cartigny.
28	*id.*	*id.*	Mme Rose Dupuis.
id.	*id.*	*id.*	Mme Rougeault Dupont.
3	février	*id.*	Mme Demerson.
id.	*id.*	*id.*	M. Barizain Monrose.
24	*id.*	*id.*	M. Baudrier.
id.	*id.*	*id.*	M. Bequerelle, dit Firmin.
8	avril	1818.	M. Robin, dit Saint-Eugène.
26	août	*id.*	M. Saillot, dit Desmousseaux.
28	octobre	1819.	M. Brissebarre, dit Joanny
4	juillet	1822.	Mme Tousez, née Regnier de la Brière.
3	mai	1823.	M. Grandville.
id.	*id.*	*id.*	Mme Prévost Paradol.
id.	*id.*	*id.*	Mlle Mante.
24 novembre		1824.	Mme Saillot, dite Desmousseaux, née Anselme et dite Baptiste.
15	mars	1821.	Acte additionnel à l'acte de société déclarant la société purement anonyme.
10	mai	1823.	Dépôt d'un écrit S. S. P. fait entre le comité du Théâtre-Français et M. Talma.

Ont adhéré :

Le 8	mars	1824.	M. Lafond.
3	sept.	1825.	M. Pagnon, dit Saint-Aulaire.
11	février	1826.	Mlle Boutet Mars, à l'acte du 10 mai 1823.
29	mars	1828	M. David.
12	avril	1828.	Mme Lecomte, dite Valmonsey.
id.	*id.*	*id.*	M. Bernard Brissebarre, Joanny.
id.	*id.*	*id.*	M. Perrier.
id.	*id.*	*id.*	M. Menjaud.
id.	*id.*	*id.*	Mlle Brocard.
id.	*id.*	*id.*	M. Samson.
id.	*id.*	*id.*	Mlle Macaire, dite Hervey.
2 décembre		1829.	M. Ligier.
1er août		1831.	M. Dailly, dit Armand Dailly.
8	juillet	1833.	M. Beauvallet.
12	*id.*	*id.*	Mme Anaïs Aubert.
id.	*id.*	*id.*	M. Guiaud.

Le 20   août   1835.   M. Geffroy.
  id.   id.   id.   M. Regnier de la Brière.
  21   avril   1837.   Mlle Noblet.
   8   octobre   1838.   Mlle Rachel Félix, mineure, sous l'assis-
                          tance de ses père et mère.
  24 décembre   1838.   M. Provost.
  10   octobre   1840.   Mlle Plessy.
  14   janvier   1841.   M. Guyon.
   7   avril   1842.   Mlle Rachel Félix, majeure.
   4   février   1843.   Mme Mélingue.
   9   id.   id.   Mlle Augustine Brohan, mineure émanci-
                          pée, assistée de Mme sa mère.
   9   avril   1846.   Mlle Denain.
  24   juin   1846.   Mlle Augustine Brohan, devenue majeure
  28   juin   1846.   M. Brindeau.
   3   août   1846.   M. Leroux.
  14   janvier 1847.   M. Maillart.
  25   avril   1851.   M. Got.
  id.   id.   id.   M. Delaunay.
  id.   id.   id.   Mlle Rébecca Felix.
  10   juillet 1852.   M. Barizain, dit Monrose.
  id.   id.   id.   Maubant.
  12   id.   id.   Mlle Bonval.
  id.   id.   id.   Mlle Judith Bernat.
  24   id   id.   Mlle Nathalie Martel.
  30   id.   id.   Mlle Madeleine Brohan, mineure émanci-
                          pée, assistée de madame sa mère.

DÉCRET IMPÉRIAL

SUR

La Surveillance, l'Organisation, l'Administration, la Comptabilité,
la Police et la Discipline

DU THÉATRE-FRANÇAIS.

Au quartier impérial de Moscou, le 15 octobre 1812.

NAPOLÉON, Empereur des Français, roi d'Italie,
Protecteur de la Confédération du Rhin, Médiateur
de la Confédération Suisse, etc., etc., etc.,

Sur le rapport de notre Ministre de l'Intérieur;

Notre Conseil d'État entendu,

Nous AVONS DÉCRÉTÉ et DÉCRÉTONS ce qui suit :

TITRE PREMIER.

De la direction et surveillance du Théâtre-Français.

1. Le Théâtre-Français continuera d'être placé sous la surveillance et la direction du surintendant de nos spectacles.

2. Un commissaire impérial, nommé par nous, sera chargé de

transmettre aux comédiens les ordres du surintendant. Il surveillera toutes les parties de l'administration et de la comptabilité.

3. Il sera chargé, sous sa responsabilité, de faire exécuter, dans toutes leurs dispositions, les règlements et les ordres de service du surintendant.

A cet effet, il donnera personnellement tous les ordres nécessaires.

4. En cas d'inexécution ou de violation des règlements, il en dressera procès-verbal, et le remettra au surintendant.

TITRE II.

De l'Association du Théâtre-Français.

SECTION PREMIÈRE.

De la Division en parts.

5. Les comédiens de notre Théâtre-Français continueront d'être réunis en Société, laquelle sera administrée selon les règles ci-après.

6. Le produit des recettes, tous les frais et dépenses prélevés, sera divisé en vingt-quatre parts.

7. Une de ces parts sera mise en réserve, pour être affectée par le surintendant aux besoins imprévus : si elle n'est pas employée en entier, le surplus sera distribué, à la fin de l'année, entre les Sociétaires.

8. Une demi-part sera mise en réserve pour augmenter le fonds des pensions de la Société.

9. Une demi-part sera employée annuellement en décorations, ameublements, costumes du magasin, réparations des loges et entretien de la salle, d'après les ordres du surintendant. Les réserves ordonnées par les art. 7, 8 et 9 n'auront lieu que successivement et à mesure des vacances.

10. Les vingt-deux parts restantes continueront d'être réparties entre les comédiens sociétaires, depuis un huitième de part jusqu'à une part entière, qui sera le *maximum*.

11. Les parts ou portions des parts vacantes seront accordées ou distribuées par le surintendant de nos spectacles

SECTION II

Des Pensions et Retraites.

§ I. DU TEMPS NÉCESSAIRE POUR OBTENIR LA PENSION, ET DE SA QUOTITÉ.

12. Tout Sociétaire qui sera reçu, contractera l'engagement de jouer pendant vingt ans; et après vingt ans de services non interrompus, il pourra prendre sa retraite, à moins que le surintendant ne juge à propos de le retenir.

Les vingt ans dateront du jour des débuts, lorsqu'ils auront été immédiatement suivis de l'admission à l'essai et ensuite dans la Société.

13. Le Sociétaire qui se retirera après vingt ans aura droit, 1° à une pension viagère de deux mille francs, sur les fonds affectés au Théâtre-Français par le décret du 13 messidor an x; 2° à une pension de pareille somme sur le fonds de la Société dont il est parlé à l'art. 8.

14. Si le surintendant juge convenable de prolonger le service d'un Sociétaire au delà de vingt ans, il sera ajouté, quand il se retirera, cent francs de plus par an à chacune des pensions dont il est parlé à l'article précédent.

15. Un Sociétaire qu'un accident, ayant pour cause immédiate le service de notre Théâtre-Français ou des théâtres de nos palais, obligerait de se retirer avant d'avoir accompli ses vingt ans, recevra en entier les pensions fixées par l'art. 13.

16. En cas d'incapacité de servir, provenant d'une autre cause que celle énoncée en l'art. 15, le Sociétaire pourra, même avant ses vingt ans de service, être mis en retraite par ordre du surintendant.

En ce cas, et s'il a plus de dix ans de service, il aura droit à une pension sur les fonds du gouvernement, et une sur les fonds des Sociétaires; chacune de ces pensions sera de cent francs par année de service, s'il était à part entière, de soixante-quinze francs s'il était à trois quarts de part, et ainsi dans la proportion de sa part dans les bénéfices de la Société.

17. Si le Sociétaire a moins de dix ans de service, le surinten-

dant pourra nous proposer la pension qu'il croira convenable de lui accorder, selon les services rendus à la Société et les circonstances où il se trouvera.

18. Toutes ces pensions seront accordées par décisions rendues en notre Conseil d'État, sur l'avis du comité, comme il a été statué pour notre Académie impériale de musique, par notre décret du 30 janvier 1811.

§ II. DES MOYENS DE PAYEMENT DES PENSIONS.

19. Les pensions accordées sur le fonds de cent mille francs de rente accordé par nous à notre Théâtre-Français seront acquittées, tous les trois mois, sur les fonds qui seront touchés à la Caisse d'amortissement.

20. En cas d'insuffisance, il y sera pourvu avec la part mise en réserve pour les besoins imprévus.

21. Pour assurer le payement des pensions accordées sur les fonds particuliers de la Société, il sera prélevé chaque année, et mois par mois, sur la recette générale, une somme de cinquante mille francs.

22. Cette somme sera versée entre les mains du notaire du Théâtre-Français, et placée par lui à mesure pour le compte de la Société, selon les règles prescrites par l'art. 32.

23. Aucun Sociétaire ne peut aliéner ni engager la portion pour laquelle il contribue au fonds de cette rente.

24. A la retraite de chaque Sociétaire, ou à son décès, le remboursement du capital de cette retenue sera fait à chaque Sociétaire ou à ses héritiers, au prorata de ce qu'il y aura contribué.

25. Tout Sociétaire qui quittera le Théâtre sans en avoir obtenu la permission du surintendant, perdra la somme pour laquelle il aura contribué, et n'aura droit à aucune pension.

26. Jusqu'à ce qu'au moyen des dispositions ci-dessus une rente de cinquante mille francs soit entièrement constituée, les pensions de la Société seront payées tant sur les intérêts des fonds mis en réserve que sur les recettes générales de chaque mois.

27. Quand la rente sera constituée, s'il y a de l'excédant après le payement annuel des pensions, il en sera disposé pour l'avantage de la Société, avec l'autorisation du surintendant.

SECTION III.

De la Retraite des Acteurs aux appointements et Employés.

28. Après vingt ans ou plus de service non interrompu par un acteur ou une actrice aux appointements, après dix ans de service seulement en cas d'infirmités, enfin en cas d'accident, comme il est dit pour les Sociétaires (art. 15), le surintendant pourra nous proposer d'accorder, moitié sur le fonds de cent mille francs, moitié sur celui de la Société, une pension ; laquelle, tout compris, ne pourra excéder la moitié du traitement dont l'acteur ou l'actrice aura joui les trois dernières années de son service.

29. Le commissaire impérial pourra aussi obtenir une retraite ou pension d'après les règles établies en l'article 28 ; mais elle sera payée en entier sur le fonds de cent mille francs.

TITRE III.

SECTION PREMIÈRE.

De l'Administration des intérêts de la Société.

30. Un comité composé de six hommes membres de la Société, présidé par le commissaire impérial, et ayant un secrétaire pour tenir registre des délibérations, sera chargé de la régie et administration des intérêts de la Société.

Le surintendant nommera, chaque année, les membres de ce comité.

Ils seront indéfiniment rééligibles.

Trois de ces membres seront chargés de l'expédition de ses résolutions.

31. Le surintendant pourra les révoquer et remplacer à volonté.

32. Les fonctions de ce comité seront particulièrement :

1º De dresser, chaque année, le budget ou état présumé des dépenses de tout genre, de le soumettre à l'examen de l'assemblée générale des Sociétaires et à l'approbation du surintendant ;

2º D'ordonner et faire acquitter, dans les limites portées au

4

budget pour chaque nature de dépenses, celles qui seront nécessaires pour toutes les parties du service; à l'effet de quoi un de ses membres sera préposé à la signature des ordres de fourniture ou de travail, et des mandats de payement;

3° De la passation de tous les marchés, obligations pour le service, ou actes pour la Société;

4° D'inspecter, régler et ordonner dans toutes les parties de la salle, du Théâtre, des magasins, etc.;

5° De vérifier les recettes, d'inspecter la caisse et de faire effectuer le payement des parts, traitements, pensions ou sommes mises en réserve selon le présent règlement;

6° D'exercer pour tous recouvrements, ou en tout autre cas, tant en demandant qu'en défendant, toutes les actions et droits de la Société, après avoir toutefois pris l'avis de l'assemblée générale et l'autorisation du surintendant.

SECTION II

Des Dépenses, Payements, et de la Comptabilité.

33. Le caissier sera nommé par le comité, et soumis à l'approbation du surintendant.

Il fournira en immeubles un cautionnement de soixante mille francs, dont les titres seront vérifiés par le notaire du Théâtre, qui fera faire tous les actes conservatoires au nom de la Société.

34. A la fin de chaque mois, les états de recette et dépense seront arrêtés par le comité, et approuvés par le commissaire impérial.

35. D'après cet arrêté et cette approbation, seront prélevés sur la recette, d'abord les droits d'auteur, ensuite toutes les dépenses, 1° pour appointements d'acteurs, traitements d'employés ou gagistes; 2° la somme prescrite pour le fonds des pensions de la Société; 3° le montant des mémoires, tant pour dépenses courantes que fournitures extraordinaires.

36. Le reste sera partagé conformément aux art. 6, 7, 8, 9 et 10.

37. Le caissier touchera, tous les trois mois, à la Caisse d'amortissement, le quart des cent mille francs de rente affectés au

Théâtre-Français, et soldera, avec ces vingt-cinq mille francs, et, au besoin, avec le produit de la part dont il est parlé à l'art. 7, sur les états dressés par le commissaire impérial, et arrêtés par le surintendant : 1° les pensions des acteurs retirés ou autres pensionnaires; 2° les indemnités pour supplément d'appointements accordées aux acteurs; 3° le traitement du commissaire impérial ; 4° le loyer de la salle.

38. A la fin de chaque année, le caissier dressera le compte des recettes et dépenses, pour les fonds de la ' iété.

39. Ce compte sera remis au comité   examinera et donnera son avis.

Il sera présenté ensuite à l'assemblée générale des Sociétaires, qui pourra nommer une commission de trois de ses membres, pour le revoir, et y faire des observations, s'il y a lieu, dans une autre assemblée générale.

Enfin, le compte sera soumis au surintendant, qui l'approuvera s'il y a lieu.

40. Le caissier dressera également le compte des cent mille francs accordés par le Gouvernement, et des parts mises à la disposition du surintendant. Ce compte sera visé par le commissaire impérial, et arrêté par le surintendant.

41. Sur la part réservée aux besoins imprévus, il pourra être accordé par le surintendant, aux acteurs ou actrices qui se trouveraient chargés de dépenses trop considérables de costumes ou de toilette, une autorisation pour se faire faire par le magasin des habits pour jouer un ou plusieurs rôles.

SECTION III.

Des Assemblées générales.

42. L'assemblée générale de tous les Sociétaires est convoquée nécessairement par le comité, et a lieu pour les objets suivants :

1° Au plus tard, dans la première semaine du dernier mois de l'année, pour examiner et donner son avis sur le budget de l'année suivante, conformément au paragraphe premier de l'art. 32;

2° Au plus tard dans la dernière semaine du premier mois de chaque année, pour examiner le compte de l'année précédente,

4.

et ensuite pour entendre le rapport de la commission, s'il y en a une nommée.

43. L'assemblée générale doit être, en outre, convoquée par le comité toutes les fois qu'il y a lieu à placement de fonds, actions à soutenir, en défendant ou demandant, dépenses à faire excédant celles autorisées par le budget : cas auquel l'assemblée générale doit donner son avis ; après quoi le surintendant décide, après après avoir vu l'avis du conseil, dont il est parlé au titre 7.

44. L'assemblée générale peut, au surplus, être convoquée par ordre du surintendant, quand il juge nécessaire de la consulter, ou avec son autorisation, si le comité la demande, pour tous les cas extraordinaires et imprévus.

TITRE IV.

De l'Administration théâtrale.

SECTION PREMIÈRE.

Disposition générale.

45. Le comité, établi par l'art. 30, sera également chargé de tout ce qui concerne l'administration théâtrale, la formation des répertoires, l'exécution des ordres de début, la réception des pièces nouvelles, sous la surveillance du commissaire impérial et l'autorité du surintendant.

SECTION II.

Des Répertoires.

§ I. DE LA DISTRIBUTION DES EMPLOIS.

46. Le surintendant déterminera, aussitôt la publication du présent règlement, la distribution exacte des différents emplois.

Il fera dresser en conséquence un état général de toutes les pièces, soit lues, soit à remettre, avec les noms des acteurs et actrices sociétaires qui doivent jouer en premier, en double et en troisième, les rôles de chacune de ces pièces, selon leur emploi et leur ancienneté, afin qu'il n'y ait plus aucune contestation à cet égard.

47. Nul acteur ou actrice ne pourra tenir en premier deux emplois différents, sans une autorisation spéciale du surintendant, qui ne l'accordera que rarement, et pour de puissants motifs.

48. Si un acteur ou actrice tenant un emploi en chef veut jouer dans un autre : par exemple, si, tenant un emploi tragique, il veut jouer dans la comédie, ou si, jouant les rôles de jeune premier, il veut jouer un autre emploi, il ne pourra primer celui qui tenait l'emploi en chef auparavant ; mais il tiendrait ledit emploi en second, quand même il serait plus ancien que son camarade.

Notre surintendant pourra seulement l'autoriser à jouer les rôles du nouvel emploi qu'il voudra prendre, alternativement avec celui qui les jouait en chef ou en premier.

§ II. DE LA FORMATION DU RÉPERTOIRE.

49. Le répertoire sera formé dans le comité établi par l'art. 30, auquel seront adjointes, pour cet objet seulement, deux femmes sociétaires, conformément à l'arrêt du conseil du 9 décembre 1780 (1).

50. Les répertoires seront faits de manière que chaque rôle ait un second ou double désigné, qui puisse jouer à défaut de l'acteur en premier, s'il a des excuses valables, et sans que, pour cause de l'absence d'un ou plusieurs acteurs en premier, la pièce puisse être changée ou sa représentation retardée.

51. Pour veiller à l'exécution du répertoire, deux Sociétaires seront adjoints au comité, sous le titre de *semainiers* ; chaque Sociétaire sera semainier à son tour.

52. Si un double étant chargé d'un rôle par le répertoire tombe malade, le chef, se portant bien, sera tenu de le jouer, sur l'avis que lui en donnera le semainier.

53. Un acteur en chef ne pourra refuser de jouer ni abandonner tout à fait à son double aucun des premiers rôles de son emploi ; il les jouera, bons ou mauvais, quand il sera appelé par le répertoire.

(1) Cet arrêt se trouve au Dépôt des Lois.

4. Aucun acteur en chef ne pourra se réserver un ou plusieurs rôles de son emploi. Le comité prendra des mesures nécessaires pour que les doubles soient entendus par le public dans les principaux rôles de leurs emplois respectifs trois ou quatre fois par mois.

Il veillera également à ce que les acteurs à l'essai soient mis à portée d'exercer leurs talents et de faire juger leurs progrès.

Les acteurs jouant les rôles en second pourront réclamer en cas d'inexécution du présent article; et le surintendant donnera des ordres sans délai pour que le comité s'y conforme, sous peine, envers l'acteur en chef opposant et chacun des membres du comité qui n'y auront pas pourvu, d'une amende de trois cents francs.

Notre commissaire près le Théâtre sera responsable de l'inexécution du présent article, s'il n'a dressé procès-verbal des contraventions, à l'effet d'y faire pourvoir par le surintendant, et de faire payer les amendes.

55. Nos comédiens seront tenus de mettre tous les mois un grand ouvrage, ou du moins deux petits ouvrages, nouveaux ou remis.

Dans le nombre de ces pièces seront des pièces d'auteurs vivants.

Il est enjoint au comité et au surintendant de tenir la main à l'exécution de cet article.

56. Les assemblées des samedis de chaque semaine continueront d'avoir lieu; et tous les acteurs seront tenus de s'y trouver pour prendre communication du répertoire.

Il continuera d'être délivré des jetons aux acteurs présents.

57. Tous acteurs ou actrices pourront faire des observations, et demander des changements au répertoire pour des motifs valables, sur lesquels il sera statué provisoirement par le commissaire impérial, et définitivement par le surintendant.

58. Le répertoire se fera, la première fois, pour quinze jours. Il en sera envoyé copie au préfet de police.

Le samedi d'après se fera celui de la semaine en suivant, et ainsi successivement.

59. Quand le répertoire aura été réglé, chacun sera tenu de jouer le rôle pour lequel il aura été inscrit, à moins de causes légitimes approuvées par le comité présidé par le commissaire im-

périal, et dont il sera rendu compte au surintendant, sous peine de cent cinquante francs d'amende.

60. Si un acteur ayant fait changer la représentation pour cause de maladie, est aperçu dans une promenade, un spectacle, ou s'il sort de chez lui, il sera mis à une amende de trois cents francs.

SECTION III.

Des Débuts.

61. Le surintendant donnera seul les ordres de début sur notre Théâtre-Français. Les débuts n'auront pas lieu du 1ᵉʳ novembre jusqu'au 15 avril.

62. Ces ordres seront présentés au comité, qui sera tenu de les enregistrer, et de mettre au premier répertoire les trois pièces que les débutants demanderont.

63. Le surintendant pourra appeler pour débuter les élèves de notre Conservatoire, ceux des maîtres particuliers, ou les acteurs des autres théâtres de notre Empire; auquel cas, leurs engagements seront suspendus, et rompus s'ils sont admis à l'essai.

64. Les acteurs et actrices qui auront des rôles dans ces pièces ne pourront refuser de les jouer, sous peine de cent cinquante francs d'amende.

65 On sera obligé indispensablement à une répétition entière pour chaque pièce où les débutants devront jouer, sous peine de vingt-cinq francs d'amende pour chaque absent.

66. Le comité proposera ensuite d'autres rôles à jouer par le débutant; et le surintendant en déterminera trois, que le débutant sera tenu de jouer après des répétitions particulières et une répétition générale, comme il est dit à l'art. 65.

67. Les débutants qui auront eu des succès et annoncé des talents seront reçus à l'essai au moins pour un an, et ensuite comme Sociétaires par le surintendant, selon qu'il le jugera convenable.

TITRE V.

Des Pièces nouvelles et des Auteurs.

68. La lecture des pièces nouvelles se fera devant un comité

composé de neuf personnes choisies parmi les plus anciens Sociétaires, par le surintendant, qui nommera en outre trois suppléants, pour que le nombre des membres du comité soit toujours complet.

69. L'admission a lieu à la pluralité absolue des voix.

70. Si une partie des voix est pour le renvoi à correction, on refait un tour de scrutin sur la question du renvoi, et on vote par oui ou non.

71. S'il n'y a que quatre voix pour le renvoi à correction, la pièce est reçue.

72. La part d'auteur dans le produit des recettes, le tiers prélevé pour les frais, est du huitième pour une pièce en cinq ou en quatre actes, du douzième pour une pièce en trois actes, et du seizième pour une pièce en un et en deux actes; cependant les auteurs et les comédiens peuvent faire toute autre convention de gré à gré.

73. L'auteur jouit de ses entrées du moment où sa pièce est mise en répétition, et les conserve trois ans après la première représentation, pour un ouvrage en cinq et en quatre actes, deux ans pour un ouvrage en trois actes, un an pour une pièce en un ou deux actes. L'auteur de deux pièces en cinq ou en quatre actes, ou de trois pièces en trois actes, ou de quatre pièces en un acte, restées au théâtre, a ses entrées sa vie durant.

TITRE VI.

De la Police.

74. La présidence et la police des assemblées, soit générales, soit des divers comités, sont exercées par le commissaire impérial.

75. Tout sujet qui manque à la subordination envers ses supérieurs, qui, sans excuses jugées valables, fait changer le spectacle indiqué sur le répertoire, ou refuse de jouer soit un rôle de son emploi, soit tout autre rôle qui peut lui être distribué pour le service des théâtres de nos palais, ou qui fait manquer le service en ne se trouvant pas à son poste aux heures fixées, est condamné, suivant la gravité des cas, à l'une des peines suivantes.

76. Ces peines sont les amendes, l'exclusion des assemblées

générales des Sociétaires et du comité d'administration, l'expulsion momentanée ou définitive du Théâtre, la perte de la pension et les arrêts.

77. Les amendes au-dessous de vingt-cinq francs sont prononcées par le comité, présidé par le commissaire impérial.

L'exclusion des assemblées générales et du comité d'administration peut l'être de la même manière; mais le commissaire impérial est tenu de rendre compte des motifs au surintendant.

Le commissaire impérial qui aura requis le comité d'infliger une peine, en instruira, en cas de refus, le surintendant, qui prononcera.

78. Les amendes au-dessus de vingt-cinq francs et les autres punitions sont infligées par le surintendant, sur le rapport motivé du commissaire impérial.

L'expulsion définitive n'aura lieu que dans les cas graves, et après avoir pris l'avis du comité.

79. Aucun sujet ne peut s'absenter sans la permission du surintendant.

80. Les congés sont délivrés par le surintendant, qui n'en peut accorder plus de deux à la fois, ni pour plus de deux mois : ils ne peuvent avoir lieu que depuis le premier mai jusqu'au premier novembre.

81. Tout sujet qui, ayant obtenu un congé, en outre-passe le terme, paye une amende égale au produit de sa part, pendant tout le temps qu'il aura été absent du Théâtre.

82. Lorsqu'un sujet, après dix années de service, aura réitéré pendant une année la demande de sa retraite, et qu'il déclarera qu'il est dans l'intention de ne plus jouer sur aucun théâtre, ni français, ni étranger, sa retraite ne pourra lui être refusée; mais il n'aura droit à aucune pension, ni à retirer sa part du fonds annuel de cinquante mille francs.

TITRE VII.

Dispositions générales.

82. Les comédiens français ne pourront se dispenser de donner tous les jours spectacle, sans une autorisation spéciale du surintendant, sous peine de payer, pour chaque clôture, une somme

de cinq cents francs, qui sera versée dans la caisse des pauvres, à la diligence du préfet de police.

84. Tout Sociétaire ayant trente années de service effectif pourra obtenir une représentation à son bénéfice, lors de sa retraite : cette représentation ne pourra avoir lieu que sur le Théâtre-Français, conformément à notre décret du 29 juillet 1807.

85. Tout sujet retiré du Théâtre-Français ne pourra reparaître sur aucun théâtre, soit de Paris, soit des départements, sans la permission du surintendant.

86. Toutes les affaires contentieuses seront soumises à l'examen d'un conseil de jurisconsultes ; et on ne pourra faire aucune poursuite judiciaire au nom de la Société sans avoir pris l'avis du conseil.

Ce conseil restera composé ainsi qu'il l'est aujourd'hui, et sera réduit à l'avenir, par mort ou démission, au nombre de trois jurisconsultes, deux avoués, et au notaire du Théâtre.

En cas de vacance, la nomination se fera par le comité, avec l'agrément du surintendant.

87. Le surintendant fera les règlements qu'il jugera nécessaires pour toutes les parties de l'administration intérieure.

88. Les décrets des 29 juillet et 1er novembre 1807 sont maintenus en tout ce qui n'est pas contraire aux dispositions ci-dessus.

TITRE VIII.

Des élèves du Théâtre-Français.

§ 1. NOMBRE, NOMINATION, INSTRUCTION ET ENTRETIEN DES ÉLÈVES.

89. Il y aura à notre Conservatoire Impérial dix-huit élèves pour notre Théâtre-Français, neuf de chaque sexe.

90. Ils seront désignés par notre ministre de l'intérieur ; ils seront âgés au moins de quinze ans.

91. Ils seront traités au Conservatoire comme les autres pensionnaires qui y sont admis pour le chant et la tragédie lyrique.

92. Ils pourront suivre les classes de musique ; mais ils seront plus spécialement appliqués à l'art de la déclamation, et suivront exactement les cours des professeurs, selon le genre auquel ils seront destinés.

93. A cet effet, indépendamment des professeurs, il y aura,

pour l'art dramatique, deux répétiteurs d'un genre différent, lesquels feront répéter et travailler les élèves, chaque jour, dans les intervalles des classes, à des heures qui seront fixées.

94. Il y aura, en outre, un professeur de grammaire, d'histoire et de mythologie appliquées à l'art dramatique, lequel enseignera spécialement les élèves destinés au Théâtre-Français.

95. Les élèves seront examinés tous les ans par les professeurs et le directeur du Conservatoire; et il sera rendu compte du résultat à notre ministre de l'intérieur et au surintendant des théâtres.

96. Les élèves qui ne donneraient pas d'espérances ne continueront pas leurs cours, et ils seront remplacés.

97. Ceux qui ne seraient pas encore capables de débuter sur notre Théâtre-Français pourront, avec la permission du surintendant, s'engager pour un temps au théâtre de l'Odéon, ou dans les troupes des départements.

98. Ceux qui seront jugés capables de débuter pourront recevoir du surintendant un ordre de début, et être, selon leurs moyens, mis à l'essai au moins pendant un an, et ensuite admis comme Sociétaires, comme il est dit article 67.

§ II. DES DÉPENSES POUR LES ÉLÈVES DE L'ART DRAMATIQUE.

99. La dépense pour chacun des élèves est fixée à onze cents francs;

Le traitement pour chacun des répétiteurs, à deux mille francs;

Le traitement du professeur, à trois mille francs.

100. En conséquence, notre ministre de l'intérieur disposera, sur le fonds des dépenses imprévues de son ministère, d'une somme de vingt-six mille huit cents francs en sus de celle allouée pour notre Conservatoire impérial de musique.

101. Nos ministres de l'intérieur, de la police, des finances, du trésor, et le surintendant de nos spectacles, sont chargés, chacun en ce qui le concerne, de l'exécution du présent décret, qui sera inséré au Bulletin des lois.

Signé NAPOLÉON.

Par l'Empereur :

Le Ministre Secrétaire d'État par intérim,

Signé DUC DE CADORE.

DOCUMENTS HISTORIQUES

RELATIFS A LA

COMÉDIE FRANÇAISE

SOUS LE RÈGNE

DE

L'EMPEREUR NAPOLÉON Ier.

———◆———

Il est incontestable que la période qui s'est écoulée depuis le commencement de ce siècle jusqu'à la fin de l'Empire, et pendant les premières années de la Restauration, a été une grande époque pour la Comédie française; mais époque remarquable, il faut bien le dire, surtout au point de vue de l'exécution de nos chefs-d'œuvre dramatiques. Le Théâtre-Français était grand seulement par l'admirable ensemble de son personnel, composé des premiers artistes du monde; et quant à la littérature dramatique du temps, elle n'a pas jeté un bien vif éclat. Le génie de Napoléon pouvait bien reconstituer une institution grandiose; il ne pouvait pas créer des poëtes, lorsque toutes les intelligences supérieures étudiaient l'art de la guerre et n'aspiraient qu'aux suprêmes honneurs militaires que l'Empereur savait prodiguer.

Depuis le 31 mai 1799, jour de l'ouverture du Théâtre par tous les comédiens français réunis, l'ancienne Comédie française commençait à exister : elle avait pris possession, comme nous l'avons dit, de la salle de la rue Richelieu, embellie et restaurée ; et, en attendant de nouveaux ouvrages, les comédiens sociétaires attiraient la foule ravie d'assister à la renaissance de la Compagnie illustre qui avait traversé bien des orages pour se retrouver reconstituée sous la main puissante d'un grand homme. De 1800 à 1803, le personnel de la Comédie française se composait ainsi :

MOLÉ, l'acteur le plus accompli, la plus grande illustration de l'ancien Théâtre-Français ; MONVEL, reçu en 1772 ; DUGAZON, 1772 ; DAZINCOURT, 1778 ; FLEURY, de la même année ; VANHOVE ; FLORENCE, 1779 ; SAINT-PRIX, 1784 ; SAINT-FAL, de la même année ; NAUDET, 1786 ; LAROCHELLE, 1787 ; TALMA, 1785 ; GRANDMÉNIL, 1791 ; ALEXANDRE DUVAL ; CAUMONT ; MICHOT, venu du théâtre des Variétés du Palais-Royal au Théâtre de la République ; BAPTISTE CADET, du Théâtre de la République ; DAMAS ; BAPTISTE aîné, qui avait fait partie du théâtre du Marais en 1791, et qui était entré au Théâtre de la République en 1793 ; ARMAND et LAFON, nouvellement reçus ;

Mesdames Lachassaigne, reçue en 1769 ; Suin, 1776 ; Raucourt, 1773 ; Louise Contat, 1777 ; Thénard, 1781 ; Devienne, 1785 ; Émilie Contat ; Vanhove, 1785, depuis Mme Talma ; Fleury, 1791 ; Mezeray, de la même année ; Mars cadette (la célèbre), venue très-jeune du théâtre Montansier ; Bourgoin et Volnais, nouvellement admises ;

Tous sociétaires. Les pensionnaires étaient Desprez, Lacave, Dublin, Marchand ; mesdames Gros, Desrosiers, Patrat.

Le commissaire du Gouvernement était M. Mahérault, agissant sous les ordres de M. de Rémusat, préfet du palais.

Sous le règne de la Terreur, la Comédie française n'avait pas été plus épargnée que tout ce qui existait à cette époque : institution royale, elle devait périr ; propriétaire de biens meubles et immeubles, il fallait les lui confisquer, le tout pour le salut de la patrie. La Comédie française fut, par conséquent, dépouillée de tout ce qu'elle possédait.

Il ne suffisait donc pas de réunir ces magnifiques talents dispersés par les fureurs révolutionnaires, il fallait encore rendre à la maison de Molière une partie de son ancien éclat. C'est cette pensée réparatrice qui inspirait le Premier Consul, lorsque, le 2 juillet 1802, il dotait la Comédie française d'une rente annuelle de cent mille francs. Jusque-là, les rapports de la Comédie française avec le Premier

Consul avaient été ceux de la reconnaissance, d'un côté, d'une haute sympathie de l'autre. Les comédiens sentaient que leur destinée dépendait de la protection du chef de l'État ; ils ne laissaient pas échapper une occasion de lui témoigner leur dévouement respectueux, et, le 8 octobre 1801, une députation de la Comédie avait été admise à présenter au Premier Consul des félicitations au sujet des préliminaires de la paix avec l'Angleterre : quant à Napoléon Bonaparte, l'Empire existant déjà dans sa pensée, il comprenait que la gloire du Théâtre-Français devait être une de ses gloires, que la Comédie française serait son théâtre ; et, par quelques actes d'autorité, il commençait pour ainsi dire à prendre possession. Ainsi, le 6 janvier 1802, Talma, Desprez, Mme Petit Vanhove et Mlle Raucourt recevaient l'ordre de se rendre à Lyon. C'était comme un prélude des spectacles de la cour. Enfin, l'acte de dotation du 2 juillet 1802 vint consacrer des liens indissolubles. Comme ce document est un des plus importants dans l'histoire du Théâtre-Français, nous le transcrivons ici textuellement :

Paris, le 13 messidor l'an x de la République française, une et indivisible.

Les Consuls de la République, sur le rapport du ministre de l'intérieur,

ARRÊTENT :

ARTICLE PREMIER. Au premier vendémiaire

prochain, l'inscription au grand-livre de la
dette publique, n° 14231, volume 24, somme
100,000 fr., sera transférée à la Caisse d'a-
mortissement par le ministère de l'intérieur,
et le produit en sera versé dans la caisse du
Théâtre-Français.

Article 2. Au moyen dudit versement,
les comédiens français acquitteront :

1° Le loyer de leur salle ;

2° Les pensions de retraite qui seront accordées avec l'agrément du gouvernement ;

3° L'indemnité annuelle qui a été promise à
quelques artistes, à l'époque de leur réunion
au Théâtre de la République, et qui a été
payée jusqu'à ce jour sur les fonds du ministre de l'intérieur.

Article 3. La recette journalière de la Comédie sera employée à payer les parts et di-
visions ou fractions de part des comédiens,
conformément à l'état qui existe aujour-
d'hui.

Il sera pareillement pourvu, sur les mêmes
fonds, au traitement de ceux qui ne sont pas
reçus à part, et à toutes les autres dépenses.

Aucun comédien ne recevra, à l'avenir, ni

supplément, ni indemnité sur les fonds du ministère de l'intérieur ou de la police.

ARTICLE 4. A compter du 1ᵉʳ vendémiaire an XI, le prix des loges, par quelques personnes qu'elles soient occupées, sera versé dans la caisse du théâtre.

ARTICLE 5. Il sera soumis incessamment aux Consuls, par le ministre de l'intérieur, un règlement de police et d'administration pour tout ce qui intéresse la Comédie française.

ARTICLE 6. Le ministre de l'intérieur est chargé de l'exécution du présent arrêté.

Le Premier Consul,

Signé : BONAPARTE.

Pour le Premier Consul :

Le secrétaire d'État,

Signé : HUGUES B. MARET.

Pour ampliation :

Le ministre de l'intérieur,

Signé : CHAPTAL.

Pour ampliation :

Le commissaire du gouvernement,

Signé : *Mahérault.*

A partir de 1802, les rapports de l'autorité avec la Comédie française deviennent de plus en plus fréquents. Le théâtre une fois reconstitué et doté, il fallait le réglementer. Nous allons suivre pas à pas cette réglementation intérieure, pleine de sollicitude et de détails, et nous bien convaincre que M. de Rémusat, premier chambellan de l'Empereur, n'exerçait pas seulement une simple surveillance, mais aussi qu'il gouvernait et administrait, absolument comme le premier gentilhomme de la chambre du roi sous l'ancien régime, et, on doit le dire, avec les mêmes sentiments des convenances, des droits et des devoirs de chacun, avec cet esprit de la légalité, d'équité et des intérêts bien compris du Théâtre-Français.

Suivons l'ordre chronologique ; c'est une route tracée, infaillible, et qui nous mène droit au but.

Alexandre Duval, auteur dramatique et artiste sociétaire du Théâtre-Français, venait de faire représenter sa comédie d'*Édouard en Écosse*, lorsque, le 2 février 1802, un ordre supérieur vint en défendre la deuxième représentation. Les allusions politiques fourmillaient dans cet ouvrage, et le moment était mal choisi pour les provoquer. Le 5 avril, mort d'Étienne Dubus-Champville, sociétaire qui peu de temps auparavant avait joué, pour la dernière fois, le rôle du marquis dans le *Joueur*. Une inscription fut placée sur la tombe de Champville aux frais de

5.

Mlle Devienne. Une autre perte, plus sérieuse, menaçait la Comédie française ; le 24 avril, le célèbre
Molé jouait son dernier rôle, celui de Dubriage du
Vieux Célibataire. Il ne devait plus remonter sur la
scène qu'il avait illustrée par son inimitable talent
depuis tant d'années. Molé mourut le 11 décembre
suivant, à l'âge de 69 ans, et après 48 années de
services. Cette mort produisit l'effet d'un grand
événement. Paris tout entier s'en émut. Les obsèques
du doyen de la Comédie française eurent lieu le
13 décembre, au milieu d'un concours immense.
Molé était membre de l'Institut. La Comédie française tout entière, la Comédie italienne, les artistes
de l'Opéra, du Vaudeville, de Louvois, des Bouffes
italiens, une députation de l'Institut, dans laquelle
on distinguait M. Bigot de Préameneu, le général
Jubié, au nom du Premier Consul, trois cents personnes de toutes les conditions, assistèrent au convoi,
composé de plus de trente voitures de deuil. Le cor-
billard était attelé de six chevaux. Un service so-
lennel eut lieu à Saint-Sulpice, et le curé de cette
église y prononça le panégyrique de Molé, en s'é-
levant contre le préjugé qui pèse sur la classe des
comédiens. Le convoi revint ensuite au domicile du
défunt, rue Corneille, pour se diriger du côté de
la barrière d'Enfer, et gagner de là Antony, où Molé
avait voulu être enterré. A Antony, le corps fut encore présenté à l'église, où il fut reçu par le curé et

le maire. qui prononcèrent chacun un discours sur les grands talents, la gloire, la célébrité, les qualités publiques et particulières de Molé ; Monvel, Auguste Molé et M. Mahérault prirent ensuite la parole, et Molé fut inhumé au milieu d'un champ qui était sa propriété, dans un tombeau entouré de fossés bordés de peupliers et de cyprès.

Il nous semble curieux de transcrire ici la pièce suivante qui a tout l'attrait d'un document historique :

12 décembre 1802.

« Dépositaire des derniers sentiments de Fran-
« çois-René Molé, c'est avec satisfaction que je re-
« çois sa dépouille mortelle, pour la conduire au
« lieu de repos qu'il s'est choisi lui-même. Ainsi, la
« commune d'Antony se glorifiera longtemps de pos-
« séder un homme justement célèbre, un des plus
« beaux génies de l'art dramatique.

« Et tandis que la piété filiale s'empresse de lui
« élever un monument sacré, tandis que ses collè-
« gues et ses amis en pleurs, que la France renais-
« sante attache à ses longs travaux et à ses rares
« talents les regrets les plus sincères et les plus tou-
« chants souvenirs ;

« Nous, ministres des autels, au nom de la reli-
« gion, nous prierons le Seigneur notre Dieu qu'il
« lui fasse paix et miséricorde et qu'il daigne l'ad-

« mettre au nombre de ses élus dans le séjour de
« l'immortalité glorieuse.

« Pardon, Messieurs, si je vous dérobe des mo-
« ments si précieux au public ; mais il a fallu satis-
« faire mon cœur, et combien je m'estimerais heu-
« reux si cette lettre méritait d'être consignée dans
« vos archives.

« Signé : Charles Chaisneau,

« Desservant d'Antony, gardien du tombeau de Molé. »

La Comédie française fit du reste noblement son
devoir. Elle continua pendant six mois à la famille
de Molé la part entière dont il jouissait, et elle vota
une somme annuelle de 1200 francs pour servir,
pendant cinq ans, à l'éducation de Mlle Éveline, la
petite-fille de Molé.

Les pertes cruelles se succédaient aussi parmi les
acteurs retirés. Le 29 janvier 1803, on annonçait la
mort de la célèbre Clairon, et, le 11 février, celle de
Colbert de Beaulieu, dit de Bellemont, après 37 ans
de service et 75 ans d'âge. Le 23 septembre précédent, Mme Vestris avait pris sa retraite de sociétaire.

En revanche, de nouvelles réputations commen-
çaient à naître ; le 12 juillet 1802, Mlle Duchesnois
avait paru pour la première fois à Versailles, dans
le rôle de Phèdre ; et, le 29 novembre suivant,
Mme Georges Weymer avait débuté par celui de
Clytemnestre d'*Iphigénie en Aulide*.

Revenons aux actes administratifs du préfet du palais. Le 2 avril 1803, M. de Rémusat ouvrait un concours pour doubler l'emploi des jeunes premiers dans les tragédies, et des troisièmes amoureux et jeunes marquis dans la comédie. Les concurrents devaient avoir de quinze à vingt-trois ans, de bonnes mœurs, bien posséder la langue française et être en état de jouer sur-le-champ. Le jury d'examen se composait de Monvel, Vanhove, Saint-Prix, Saint-Fal, Talma, Dazincourt, Fleury, Grandménil, Dugazon, Mmes Raucourt, Contat, Suin et Devienne. Cet arrêté, en prévision de l'avenir; pour le présent, M. de Rémusat donnait la mesure de l'importance que l'on attachait alors à la tragédie, en classant les rôles de femmes en cinq catégories, les rôles de reines et de mères, ceux intermédiaires entre les reines et les grandes princesses, les grandes princesses, les rôles intermédiaires entre les grandes et les jeunes princesses, enfin les jeunes princesses. Une aussi minutieuse distinction serait parfaitement superflue aujourd'hui.

Quelques jours plus tard, le comité d'administration accorde à Ducis 1,500 francs de pension en échange de la propriété de ses œuvres.

Le 4 juin 1803, la Comédie française, en assemblée générale des sociétaires, et guidée par son amour pour la patrie et son attachement inviolable à l'auguste chef du gouvernement (ce sont les termes du procès-verbal de la délibération), vote une somme de 2,500 francs pour aider à subvenir aux frais de la guerre avec l'Angleterre. Une députation, composée de Dazincourt, Larochelle et Baptiste aîné, est chargée d'être l'organe de la Comédie auprès du gouvernement.

Vers le même temps, on met sur le tapis la reprise du *Mariage de Figaro*. Dugazon refuse formellement de jouer le rôle de Figaro, affirmant qu'il n'en serait jamais l'interprète au Théâtre-Français. Ne pardonnait-il pas à l'auteur d'avoir destiné ce rôle à Préville, et, sur le refus de Préville en raison de son âge, ne pouvait-il pas oublier que Dazincourt l'avait créé?

Pendant l'année 1803, la Comédie française avait perdu Mlle Dumesnil, décédée à l'âge de quatre-vingt-dix ans, et Vanhove, mort dans la maison et dans le lit de Talma, et inhumé à Brunoi, sous un gros noyer, dans la propriété de son gendre. Talma avait épousé, l'année précédente, Mlle Petit Vanhove. Enfin, Mme Élisabeth Gontier, veuve Drouin, était morte le 2 août, à Verrières, à l'âge de quatre-vingt-trois ans.

Le 2 juin 1803, la Comédie donne à l'Opéra une représentation d'*Esther*, au bénéfice et pour la retraite de Mme Vestris. Cette représentation produit une somme de 20,000 fr. — Le 5 juin, au Théâtre-Français, une représentation de *Gabrielle de Vergy* produit un tel effet sur le public, que plusieurs personnes, hommes et femmes, se trouvent mal, et que l'on est obligé de baisser le rideau. Lafon, Damas, Lacave, Desprez, Mmes Fleury et Suin, jouaient dans cette soirée mémorable, qui fait honneur aux impressions faciles du public d'alors. Il est vrai que ce public n'avait jamais vu *Antony*, *Lucrèce Borgia* et autres chefs-d'œuvre de notre temps. — Le 10 septembre, arrêté qui met Mlle Duchesnois et Mlle Georges en partage pour les reines et les premiers rôles. — Le 28 du même mois, ces deux célébrités rivales, qui n'avaient jusque-là joué que la tragédie, reçoivent l'ordre de paraître dans la comédie. Voilà pour le bilan de 1803. Nos lecteurs remarqueront qu'au milieu de ces notes rapides nous ne parlons pas du mouvement du répertoire et des pièces nouvelles. Cet examen viendra lorsque nous aurons épuisé les questions d'administration intérieure et celles qui émanent de l'autorité.

A ce titre, nous sommes obligé de constater ici l'ordre de suspendre *Guillaume le Conquérant*, drame en cinq actes, en prose, d'Alexandre Duval, le lendemain de la première représentation. L'air de *Roland*, au deuxième acte, avait été écrit par Méhul.

Ce n'était, du reste, qu'en étudiant le terrain pas à pas que M. de Rémusat entrait dans le vif des réglementations décisives. Il y arrive cependant le 5 mai 1804, par un arrêté relatif à la distribution des rôles et à la confection du répertoire. De ce jour date le rétablissement de la hiérarchie et des droits acquis par l'ancienneté des services rendus. L'ordre porte qu'il ne peut jamais y avoir plus de deux acteurs doubles ou en second dans une même pièce. En même temps, le comité faisait respecter ses priviléges, et nous le voyons qui proteste, de son côté, contre une représentation d'*Andromaque*, annoncée comme devant être jouée par Mlle Duchesnois à la Porte-Saint-Martin.

Une guerre réelle, implacable, une rivalité ayant de nombreux partisans dans les deux camps, et qui n'offrait d'exemple que la lutte de Mlle Sainval et de Mme Vestris, s'était élevée entre Mlle Georges et Mlle Duchesnois. Toutes deux promues au grade de sociétaires par arrêté de M. de Rémusat, du 17 mars 1804, élevaient la même prétention à la priorité ; et si une grande beauté plaidait en faveur de Mlle Georges, il est demeuré incontestable que les gens de goût et les amateurs éclairés préféraient le jeu passionné, la sensibilité et la diction de Mlle Duchesnois. Il fallait cependant mettre un terme à cette guerre intestine, beaucoup plus nuisible au répertoire et au service intérieur du théâtre qu'aux plaisirs du public, qui y trouvait un aliment de curiosité. En conséquence, en vertu de la décision prise le 5 mai 1803 pour le rétablissement des droits hiérarchiques, M. de Rémusat, par un nouvel arrêté

du 9 juin 1804, voulut régler la position respective
des deux actrices rivales. Mlle Duchesnois eut la
priorité sur le registre des sociétaires aux assemblées,
où elle était la première à donner son avis, aux droits
de choisir sa loge et de nommer à un poste vacant,
et, comme ni l'une ni l'autre des deux concurrentes
n'étaient alors chefs d'emploi, il fut décidé que
Mlle Duchesnois doublerait la première les grandes
princesses, et Mlle Georges, la première, les rôles de
reines.

— Le même jour, Lacave et Mlle Desrosiers
étaient nommés sociétaires.

Le 4 juin 1804, la Comédie française, M. Mahérault, commissaire du gouvernement, en tête, prête,
à l'Hôtel de ville, le serment prescrit par le sénatus-
consulte pour l'Empire. Cet usage pour les comédiens français est tombé en désuétude, mais cela
voulait dire alors que le Théâtre-Français était considéré officiellement comme une institution inhé-
rente à l'État.

— Le 20 juin, mise à la retraite de Florence, sociétaire. — Le 3 juillet, la formule des *comédiens
ordinaires de l'Empereur* remplace sur les affiches
celle des *comédiens français sociétaires*. — Le 5
octobre, mort de Mme Vestris, ancienne élève de
Lekain, retirée depuis deux ans, après trente ans
de services, et âgée de soixante-deux ans. — Le
21, dernière représentation de Mme Lachassaigne,

qui paraît encore une fois, après trente-neuf ans de services, dans le rôle de Dorilée de *Mélanide*, et le 14 novembre, représentation de retraite et au bénéfice de Dupont; on joue *Phèdre* au théâtre de l'Impératrice (Louvois) : recette 7,300 fr.

Pendant ce temps, M. de Rémusat, nommé premier chambellan de la maison impériale, poursuivait son œuvre réglementaire. Le 3 novembre 1804, paraît une ordonnance sur les congés, en vertu de laquelle, et attendu les abus existants, il demeure interdit d'accorder plus de deux congés à la fois. Mais ce n'est là, au bout du compte, qu'un détail. M. de Rémusat comprend qu'un règlement général est devenu indispensable, et, le 21 novembre, il signe les dispositions suivantes : A partir de ce jour, le répertoire étant fait, les distributions proclamées, les lectures et les répétitions fixées, les semainiers ne peuvent rien changer, sans motifs sérieux, sous peine pour eux de 50 francs d'amende. Aucun acteur ne peut annoncer la veille qu'il ne jouera pas le lendemain, à moins de 150 francs d'amende s'il a part entière. Tout chef d'emploi forcé de ne pas jouer le lendemain doit avertir son double la veille; l'amende comme la première. Faire manquer un spectacle équivaut à une amende égale au produit de cette représentation. Un comédien restant deux mois et demi sans faire son service est privé pendant un an du titre et des appointements de sociétaire;

en cas de récidive, pendant deux ans; la troisième fois, il est exclu de la société sans pension. Aucun comédien ne peut voter aux lectures que six ans après sa réception, à moins qu'il n'ait eu trente ans d'âge accomplis au moment de sa réception; mais il est admis aux lectures et reçoit son jeton. Tous les bulletins votants doivent être motivés. Tout comédien sociétaire doit savoir son répertoire en entier, et nul ne peut être reçu aux appointements sans en connaître au moins la moitié.

Il suffit de lire de pareilles dispositions pour en apprécier toute la portée, et les développements sont bien inutiles.

L'année 1805 s'inaugura par un nouvel ordre qui imposait à tous les sociétaires, sans exception, l'obligation de paraître dans les cérémonies des ouvrages de Molière, le *Bourgeois gentilhomme* et le *Malade imaginaire:* hommage rendu à l'immortel créateur de la Comédie française.

Rien de plus remarquable cette année que le début de Mlle Amalric Contat (4 février), dans les rôles de Dorine de *Tartufe,* et Lisette du *Cercle;* et celui de Michelot (29 mars), dans les rôles de Britannicus, dans la tragédie de ce nom, et de Dormilli des *Fausses Infidélités.* — Le 15 avril, représentation d'*Esther,* à l'Opéra, pour la retraite de Mme Suin, après 30 ans de services; la recette s'élève à 17,000 fr. — Le 1er juin, représentation, à l'Opéra, d'*Olympie* et des

Mœurs du temps, pour la retraite de Mme Lachassaigne.

Le 29 avril 1806, Monvel, Dazincourt, Fleury,
Saint-Prix se rendent auprès de S. M. l'Empereur,
pour lui adresser une pétition concernant les intérêts de la Comédie française. L'Empereur aimait à
s'occuper *lui-même* des affaires intérieures du
Théâtre-Français ; et, malgré les règlements rendus,
il existait encore des abus qu'il s'agissait de ré-
primer. Un nouveau décret ne se fit pas attendre, et
le 6 mai suivant, le premier chambellan décidait que
chaque samedi le comité et deux semainiers arrête-
raient le répertoire, qui serait soumis à l'assemblée
générale le lundi suivant ; que tout acteur refusant
de jouer, sans cause légitime, serait passible d'une
amende et soumis à un rapport constatant les motifs
du refus, lequel rapport adressé au commissaire
impérial ; — que tout acteur absent serait censé prêt
à jouer, à moins de maladie ; qu'enfin les lectures
auraient lieu une fois par semaine.

Le 1er mai 1806, mise à la retraite de Naudet. —
Le 1er juillet, premier début d'Auguste Thénard,
par les rôles d'Hippolyte de *Phèdre* et d'Auguste
de *l'Amour et la Raison*. — Le 13 août, début de
Saint-Eugène, dans *Polyeucte*. — Le 20 septembre,
le tragédien Lafon aborde, pour la première fois,
la comédie, en jouant Clitandre des *Femmes savantes*, et Déticulette de la *Gageure imprévue*.

Nous ne constatons ici, comme toujours, que les débuts et les faits importants.

Le 7 février 1807, représentation à l'Opéra, pour la retraite de Florence, après 30 ans de services. On y joue *Bérénice* et la *Belle Fermière* devant une recette de 22,000 fr. — Le 14, Larochelle paraît, pour la première fois, dans le rôle de Saint-Germain de l'*Amant bourru.* — Le 1er mars, mise à la retraite de Monvel, dont la part entière, par ordre supérieur, est distribuée, ainsi que cela se pratiquait à l'ancienne Comédie française, entre Desprez, Lacave, Mlle Mars et Mlle Desrosiers. — Le 9 avril, mort de Larochelle, après vingt-cinq ans de services, à l'âge de 57 ans. — Le 20 mai, début de Mainvielle, dans le rôle de Xipharès de *Mithridate.* — Le 10 juin, ordre de se rendre à Paris, expédié à Joanny et à Thénard, l'un tragédien et l'autre premier comique au grand théâtre de Lyon. C'était là un des plus anciens et des plus précieux priviléges de la Comédie française de s'approprier tous les talents partout où ils se trouvaient. Sous l'Empire, on conserva un usage qui avait force de loi, et qui contribuait à maintenir le Théâtre-Français à la hauteur de sa mission. Aujourd'hui, en 1853, on prétend que le Théâtre-Français doit rester supérieur à tous les autres, et on a supprimé ses priviléges. Qui veut la fin, cependant, doit vouloir aussi les moyens.

Donc, le 11 juillet 1807, début de Joanny, dans le rôle de Cinna, et ensuite dans Rodrigue du *Cid* et Oreste d'*Andromaque*. — Le 7 août, mort de Mlle Desrosiers, âgée seulement de 32 ans. — Le 3 novembre, début de Thénard aîné, dans le rôle de Pasquin du *Dissipateur*, et ensuite dans les rôles de Desmazures de la *Fausse Agnès*, de Cliton du *Menteur*, et de Pasquin des *Jeux de l'Amour*.

C'est à Fontainebleau, le 1er novembre 1807, que l'Empereur Napoléon signe le décret sur la surintendance des théâtres impériaux. M. de Rémusat est nommé surintendant général avec pleins pouvoirs administratifs sur les sociétaires du Théâtre-Français, du Théâtre-Feydeau et du Théâtre de l'Impératrice. L'Académie impériale de musique obéit à une autre juridiction. M. de Rémusat préside à toutes les admissions, aux règlements des pensions, aux retraites, à l'obtention des gratifications, à la rédaction des répertoires, à la fixation des budgets, aux transactions, aux permissions de congé. C'est le pouvoir central et souverain allié au respect de tous les droits.

Le même jour, l'Empereur arrête la suppression, au Théâtre-Français, de tous les billets gratis et de toutes les entrées de faveur. Chaque sociétaire a deux grandes entrées et trois places dites *de parents*; chaque pensionnaire n'a droit qu'à une place. — La liste des entrées est soumise à l'approbation du surintendant. — Les auteurs, pour les six premières représentations de leurs pièces seulement, ne peuvent obtenir que trente places pour un ouvrage en quatre et cinq actes, vingt places pour trois et deux actes, quinze places pour un acte. — Chaque débutant n'a que douze places à sa disposition.

On voit qu'à mesure que les années s'écoulent, l'ordre se fait. Du reste, on conviendra qu'avec un pareil système, et les claqueurs n'existant pas (il n'y avait pas de claque organisée à cette époque), les succès et les chutes avaient au moins le cachet de la vérité.

Bien que ce soit peut-être un hors-d'œuvre dans le travail qui nous occupe, nous ne pouvons résister au plaisir de mentionner ici une décision du comité des sociétaires prise vers le même temps. Il s'agit du chansonnier Laujon, très-âgé alors, et qui apportait constamment une pièce nouvelle pour la lecture. Par égard pour les 82 ans de Laujon, et reconnaissant qu'un refus pouvait lui être funeste, le comité décida qu'on simulerait la réception des élucubrations du vieux poëte, en ayant soin de constater que ses héritiers ou ayants cause ne pourraient jamais en poursuivre la représentation. Il y a dans cet acte si simple une délicatesse touchante qui plaît.

Le 17 février 1808, début de Mlle Rose Dupuis dans le rôle d'Andromaque et celui d'Isabelle de

l'*École des Maris*, ensuite dans le rôle d'Iphigénie
et celui d'Agathe des *Folies amoureuses*. — Le 30
juillet, début de Mlle Émilie Leverd, dans le rôle de
Célimène et celui de Roxelane des *Trois Sultanes*.
— Le 31, dernière représentation dans laquelle Dazincourt ait paru, à cause de sa santé. Il joue le
rôle de Fabrice de l'*Assemblée de famille*, et Figaro
du *Barbier*. — Le 19 septembre, départ pour Erfurt. Dazincourt était à la tête des comédiens, en
qualité d'ordonnateur des spectacles de la cour, et
c'est lui qui fit construire en quelques jours un
théâtre digne de recevoir tous les souverains réunis.
A l'occasion de ces représentations splendides, les
comédiens français reçurent des gratifications dignes
de l'Empereur et Roi ; Talma, pour sa part, eut
10,000 francs, et Mlle Rose Dupuis, qui n'avait
joué qu'une fois, 3,000 francs. Encore n'obtint-elle
de jouer Palmyre de *Mahomet* que sur l'ordre de
M. de Rémusat, Mlle Bourgoin étant chef d'emploi
et s'y opposant. Inutile de faire entrer en ligne
de compte les cadeaux que tous les artistes reçurent
des autres souverains. — Le 10 octobre, début de
Devigny dans le rôle de Lisimon du *Glorieux*, et,
plus tard, dans les rôles de Francaleu de la *Métromanie*, de M. Rémy des *Fausses Confidences*, de
Géronte du *Bourru bienfaisant*.

C'est dans le cours de cette même année 1808
que Mlle Georges, au mépris de ses engagements,

crut devoir partir pour la Russie, laissant la Comédie française dans l'embarras à la quatrième représentation d'*Artaxerce* de M. Delrieu. Le 13 mai, Mlle Georges est condamnée à une amende de 3,000 francs; le 30, sa part est mise en séquestre; le 17 juin, l'artiste transfuge est rayée du tableau des sociétaires, en perdant tout droit à la pension.

Le 7 janvier 1809, translation des archives de la Comédie dans le bâtiment même du Théâtre-Français. Où étaient auparavant ces documents précieux, et combien de pièces inappréciables n'avaient-elles pas été perdues ou soustraites? et qu'on s'étonne après cela que l'écriture de Molière, nous ne disons pas sa signature, soit introuvable?

Le 6 mars, représentation de retraite de Mlle Louise Contat. (*Voir, pour les détails, la nomenclature des spectacles de la cour.*) — Le 28, mort de Dazincourt, après trente-trois ans de services. — 1er avril, réception de Mlle Leverd comme sociétaire. Le 24, Dugazon joue pour la dernière fois le rôle de Figaro du *Barbier de Séville*. — Mlle Bourgoin obtient un congé d'un an pour se rendre à Saint-Pétersbourg, laps de temps pendant lequel le payement de sa part est suspendu. — 1er mai, représentation de retraite de Mlle Fleury, après vingt ans de services; on reprend le *Comte de Warwick* et les *Deux Pages;* la recette s'élève à 8,500 livres. — Le 11 octobre, mort de Gourgaud, dit Dugazon, à l'âge de

6.

66 ans et après trente-neuf ans de sociétariat. — Le 27 novembre, le roi de Saxe et le roi de Westphalie viennent voir *Athalie* et le *Legs*. — Le 6 décembre, l'*Enthousiaste*, comédie en cinq actes, en vers, fait une chute complète en présence des rois de Hollande, de Wurtemberg, de Naples et de Westphalie.

Le 14 mai 1810, début de Mlle Dupont dans les rôles de Finette du *Dissipateur*, et de Lisette des *Folies amoureuses*.

Le 9 juillet, début de Mlle Demerson dans les rôles de Nérine du *Joueur*, et de Toinette du *Malade imaginaire*. — Le 7 août, ordre de jouer toutes les pièces mentionnées au rapport du jury pour les prix décennaux. — Le 1er octobre, réception de Thénard aîné comme sociétaire. — Le 17 janvier 1811, début de Dumilâtre par le rôle d'Achille d'*Iphigénie*. — Le 7 mars, Mlle Dupont s'essaye dans la tragédie, mais n'y réussit pas. — Le 25 mars, mort de Caumont, ancien sociétaire, à l'âge de 62 ans. — 1er avril, retraite de Grandménil et de Mme Talma. Réception de Devigny comme sociétaire. — Le 28 mai, début de Cartigny dans le rôle d'Hector du *Joueur*, et celui de Labranche de *Crispin rival*. — Le 24 juin, représentation de retraite de Monvel, après trente ans de services ; on joue *Esther* par Talma, et les *Deux Gendres* par Fleury ; la recette est de 10,000 francs. — 27 juin, début de Baudrier

dans le rôle de Francaleu de la *Métromanie*. — Le
3 juillet, début de Firmin dans le rôle de Séide de
Mahomet, et celui de Dormilli des *Fausses Infidélités*. — 1ᵉʳ octobre, réception de Michelot comme
sociétaire. — Le 13 février 1812, mort de Boutet-
Monvel à l'âge de 67 ans ; une députation de douze
membres de l'Institut assiste à son convoi. — Le 15
avril, représentation au bénéfice de la veuve Dugazon. On reprend *Œdipe chez Admète* et les *Trois
Sultanes*, jouées par Talma, Lafon, Baptiste cadet,
Mᵐᵉˢ Bourgoin, Rose Dupuis et Branchu, de l'Opéra.
La recette se monte à 20,000 fr. — Le 1ᵉʳ juin, réception de Mˡˡᵉ Rose Dupuis comme sociétaire. — Le
18 août, début de Desmousseaux dans le rôle de
Tancrède, et le lendemain dans celui de Rodrigue du
Cid. Le 9 septembre, début de Mˡˡᵉ Regnier dans
Hermione d'*Andromaque*, et ensuite dans Camille
d'*Horace*.

Finissons l'année 1812. Le 11 novembre, représentation au bénéfice de la veuve Caumont. On joue
le *Misanthrope* et la *Jeunesse de Henri V*. La recette
n'est que de 5,200 francs. Caumont, dont nous
avons enregistré le décès, s'était retiré avec de
graves infirmités sans avoir fait son temps, mais il
était fort estimé.

Arrêtons-nous un moment. En cette année, si funeste pour la France, l'empereur Napoléon était en
Russie, luttant avec son génie contre tous les élé-

ments, la neige, la glace et le feu. C'est de Moscou, en octobre 1812, qu'est daté l'impérissable décret ayant force de loi, et qui est venu constituer d'une manière définitive la grande institution de la Comédie française. Quoi qu'on ait pu faire, le décret de Moscou est resté debout comme un monument de granit. On a modifié quelques-unes de ses parties, on en renouvellera d'autres ; mais l'esprit de cette charte unique restera la base de toutes les réglementations à venir. Toutes les ordonnances promulguées depuis lors sont venues se greffer sur le décret impérial, qui ne périra pas. Nous l'avons détaché pour lui donner, dans ce volume, la place d'honneur qui lui convient.

Le décret de Moscou n'est que le complément, la consécration, inscrits au Bulletin des Lois, de toutes les dispositions adoptées depuis 1802.

Aussi, le 28 janvier 1813, la Comédie française, qui ne pouvait pas méconnaître les liens de reconnaissance qui l'unissaient à la fortune et à la destinée de l'Empereur, et jalouse de signaler son dévouement à son souverain et à la France, délibérait-elle, approuvait-elle, en assemblée générale, le don de trois chevaux pour le service des armées.

Le 6 février, M. Bernard est nommé commissaire impérial, en remplacement de M. Mahérault, appelé à d'autres fonctions.

Les succès obtenus par Mlle Émilie Leverd avaient

été si grands, que la lutte de Mlle Duchesnois et de Mlle Georges menaçait de se renouveler avec Mlle Mars, rivalité que, malgré tout le talent de Mlle Leverd, rien ne semblait justifier. Par un arrêté en date du 20 février, on s'empressa de remettre chacun à sa place, et Mlle Mars fut laissée en possession de l'emploi en chef des grandes coquettes, des premiers rôles et des premières amoureuses de la Comédie, Mlle Leverd venant en double immédiatement après.

Le 9 mars 1813, mort de Mme Louise Contat, devenue Mme Parny. Elle était âgée de 53 ans et avait vingt-sept ans de services. La fin de cette artiste célèbre ne fut qu'une longue suite de souffrances et une cruelle agonie. — Le 1er avril, mise à la retraite de Mlle Devienne, après vingt-sept années de services ; le même jour, réception de Mlle Demerson comme sociétaire.

Le 12 juin 1813, départ pour Dresde de la plus grande partie du personnel de la Comédie française. A Dresde, les magnificences d'Erfurt se renouvelèrent, et la magnificence de l'Empereur se surpassa. Fleury et Mlle Mars eurent chacun une gratification de dix mille francs, et Talma de huit mille francs, la comédie ayant eu le pas sur la tragédie, cette fois-là.

Le 18 septembre, début de Mme Louise Thénard, dans le rôle de Dorine du *Tartufe*, et celui de Lisette du *Jeu de l'Amour et du Hasard*.

Mlle Georges, depuis longtemps, était revenue de
son expédition en Russie. Elle avait repris possession
de son emploi, qu'il fallut encore réglementer. Le
26 octobre 1813, on arrêta que les premiers rôles
tragiques seraient tenus en chef par Mlle Duchesnois,
Mlle Georges les doublant, et que Mlle Georges serait,
pour les reines, le double de Mlle Raucourt, sauf les
rôles de ce genre déjà joués par Mlle Duchesnois.

Ici, notre plume s'arrête en présence des événements politiques, n'enregistrant que quelques notes
rapides sur le Théâtre-Français du temps de l'Empire;
l'année 1814 rentre dans le cadre d'une histoire
générale, que nous n'avons pas la prétention d'écrire
pour le moment.

Le 20 mars 1815, l'Empereur faisait sa rentrée
dans Paris, entre huit et neuf heures du soir. Ce soir
là on jouait au Théâtre-Français l'*École des femmes*
et l'*Esprit de contradiction*. Deux cent vingt-cinq
francs de recette, que l'on parvint à réaliser, sont
encore un chiffre énorme, eu égard à l'anxiété générale assistant à la marche triomphale de Napoléon.
Le 27 mars (l'Empereur ne perdait pas de temps),
M. le duc de Montesquiou était nommé surintendant
des théâtres impériaux et M. Bernard confirmé dans
son poste de commissaire impérial près le Théâtre-
Français. Le 21 avril, l'Empereur assiste au spectacle;
il vient voir *Hector* et le *Legs*. — Le 11 mai, Monrose commence ses débuts. Il joue successivement

Mascarille de l'*Étourdi*, Pasquin du *Dissipateur*, Dubois des *Fausses Confidences*, Pasquin de l'*Homme à bonnes fortunes*, l'Olive du *Grondeur*, Scapin des *Fourberies*, Sganarelle du *Festin de Pierre*, Desmazures de la *Fausse Agnès*, le *Mariage de Figaro*, etc. — Le 5 juin, Mlle Mars aînée débute par les rôles d'Orphise de la *Coquette corrigée*, et d'Araminte du *Cercle*, et c'est là le dernier fait que nous aurons désormais à constater.

L'ennemi était à nos portes, la France en deuil, l'Empereur succombait malgré une défense héroïque, plus grand qu'il ne l'avait jamais été. Paris était dans la consternation ; le 22 juin, le Théâtre-Français réalisait 65 fr. de recette; le 23, 132 fr. ; le 26, 94 fr. ; le 27, 165 fr. Le 28 juin, il faisait relâche : les alliés entraient dans la capitale, tout était consommé.

PROGRAMME OFFICIEL

DES SPECTACLES .

DONNÉS

à la Cour, par la Comédie française, depuis 1802 jusqu'en 1815,

AVEC LES REPRÉSENTATIONS DU THÉATRE-FRANÇAIS AUXQUELLES SA MAJESTÉ

L'Empereur NAPOLÉON 1er a assisté.

PROGRAMME OFFICIEL.

THÉATRE-FRANÇAIS.

14 août 1802.

Spectacle gratis, la veille de la naissance du Premier Consul.

(ADÉLAIDE DU GUESCLIN.—CRISPIN MÉDECIN.)

THÉATRE-FRANÇAIS.

15 août.

Relàche à cause de la fête du Premier Consul.

THÉATRE-FRANÇAIS.

20 août.

Le Premier Consul et Mme Bonaparte assistent à la représentation d'ANDROMAQUE, par Talma et Mlle Duchesnois, et du LEGS, par Fleury et Mme Talma.

THÉATRE-FRANÇAIS.

24 janvier 1803.

Le Premier Consul assiste à la première représentation du Séducteur amoureux, comédie en trois actes et en vers, de Longchamps, et jouée par Fleury et M{^{lle}} Mézeray.

THÉATRE-FRANÇAIS.

3 mai 1803.

Le Premier Consul assiste à la reprise de Polyeucte, avec Talma, dans le rôle de Sévère.

THÉATRE-FRANÇAIS.

5 mai 1803.

Le Premier Consul assiste à la représentation du Jeu de l'Amour et du Hasard, par Baptiste aîné, Dazincourt et M{^{lle}} Desrosiers, et des Trois Sultanes, comédie jouée par Lafon, Dazincourt, Baptiste cadet, M{^{mes}} Bourgoin, Mézeray et Gros.

THÉATRE-FRANÇAIS.

14 mai 1803.

Le Premier Consul assiste à la représentation de Polyeucte, par Talma.

THÉATRE-FRANÇAIS.

25 mai 1803.

Le Premier Consul assiste à la représentation de
TARTUFE, joué par Baptiste cadet; Grandménil,
Orgon; Fleury, *Valère; Elmire*, Mlle Contat;
Mlle Mars, *Marianne.* On a fini par les MILITAIRES,
fait historique en trois actes, en prose, de M. Fa-
vières.

SAINT-CLOUD.

12 juin 1803.

Première représentation donnée comme service
de la cour :

ESTHER, avec les chœurs; la tragédie de Racine est jouée par
Talma, Monvel, Lafon, Mmes Duchesnois, Volnais, etc. Les ministres, les ambassadeurs, tous les officiers de la suite du Premier
Consul assistent à cette représentation, qui sert d'inauguration à la
salle du château. Après la tragédie, Lafon fait la lecture d'une
cantate de M. Fontanes, relative à la guerre avec l'Angleterre.

Le 18 juin 1803, Monvel part à quatre heures du
matin et se rend à Bruxelles, pour le voyage du
Premier Consul.

THÉATRE-FRANÇAIS.

14 août 1803.

Spectacle gratis, la veille de la naissance du Premier Cor l.

(L'INTRIGUE ÉPISTOLAIRE. — LES HÉRITIERS.)

THÉATRE-FRANÇAIS.

15 août 1803.

Relâche à cause de la fête du Premier Consul.

THÉATRE-FRANÇAIS.

27 septembre 1803.

Le Premier Consul assiste à la représentation de BAJAZET, par Saint-Prix et Mme Talma, rôle de Roxane.

THÉATRE-FRANÇAIS.

29 septembre 1803.

Le Premier Consul assiste à la représentation de CINNA, joué par Monvel, Talma, Mlle Georges; le spectacle finit par l'ÉCOLE DES MARIS, par Grandménil et Mlle Mars.

SAINT-CLOUD.

8 octobre 1803.

Représentation d'ANDROMAQUE, avec la distribution demandée par le préfet du palais d'après les ordres du Premier Consul :

Oreste, Talma; *Pyrrhus*, Lafon; *Pylade*, Desprez; *Phénix*, Lacave; *Hermione*, Mlle Georges; *Andromaque*, Mlle Duchesnois; *Cléone*, Mme Thénard; *Céphise*, Mlle Patras.

SAINT-CLOUD.

29 octobre 1803.

AGAMEMNON, tragédie en cinq actes, de N. Lemercier, jouée par Saint-Prix, Talma, Desprez, Lacave, Florence; Mmes Duchesnois, Talma, Bourgoin.

M. de Rémusat, après la représentation, vient chercher le manuscrit de la pièce pour le Premier Consul, qui veut la lire.

THÉATRE-FRANÇAIS.

15 août 1804.

Spectacle gratis, jour de la fête de l'Empereur Napoléon.

(L'ÉTOURDI. — M. DE CRAC).

VOYAGE DE MAYENCE.

Un ordre de l'Empereur a appelé auprès de lui, à Mayence, la plus grande partie des acteurs tragiques pour y faire le service pendant son séjour dans cette ville, où Sa Majesté est restée quinze jours pendant le voyage de trois mois qu'elle a fait dans les quatre départements réunis. Les acteurs particulièrement désignés pour ce service extraordinaire étaient : Saint-Prix, Damas, Lafon, Desprez, Lacave; Mmes Raucourt, Thénard, Bourgoin, Duchesnois et Gros. Ils étaient accompagnés du secrétaire de la Comédie, du premier garçon de théâtre, du magasinier, du chef des gardes et du perruquier du théâtre. Partis de Paris du 10 au 12 septembre 1804, ils étaient arrivés à Mayence du 16 au 18 septembre. On a joué à Mayence : IPHIGÉNIE EN AULIDE, le 22 septembre; PHÈDRE, le 24; CINNA, le 25; ANDROMAQUE, le 27; HORACE, le 29, et BAJAZET, le 30. L'Empereur a déclaré le service terminé le 2 octobre. — Le 11 octobre, tous les artistes étaient à la disposition du Théâtre-Français, à Paris.

THÉATRE-FRANÇAIS.

1er décembre 1804.

Spectacle gratis, la veille du sacre et du couronnement de l'Empereur.

(LE FESTIN DE PIERRE. — SGANARELLE.)

THÉATRE-FRANÇAIS.

2 décembre 1804.

Relâche à cause du sacre et du couronnement par
le Pape Pie VII.

SAINT-CLOUD.

24 mars 1805.

ATHALIE, jouée par Saint-Prix, Talma, Baptiste
aîné, Varenne, Lacave, Desprez, Gontier ; Mmes Ran-
court, Duchesnois, Bourgoin, Volnais, Thénard,
Louise Thénard.

SAINT-CLOUD.

27 mars 1805.

NICOMÈDE, tragédie de Corneille, jouée par Talma
(*Nicomède*), Baptiste aîné (*Prusias*), Damas, Des-
prez, Varenne ; Mmes Georges (*Arsinoé*), Fleury et
Gros.

THÉATRE-FRANÇAIS.

23 mai 1805.

Spectacle gratis, à l'occasion du couronnement de
l'Empereur Napoléon, comme roi d'Italie.

(ESTHER. — LES DEUX FRÈRES).

7.

SAINT-CLOUD.

25 juillet 1805.

LES TEMPLIERS, tragédie en cinq actes, de Ray-
nouard, jouée par Saint-Prix (*le grand maître*),
Lafon (*le roi*), Baptiste aîné (*Marigny père*), Talma
(*Marigny fils*), Desprez, Damas, Lacave, Varenne;
Mlle Georges (*la reine*).

SAINT-CLOUD.

27 juillet 1805.

LE TARTUFE DE MOEURS, comédie en cinq actes et
en vers, de Chéron, jouée par Damas, Grandménil,
Armand; Mmes Mézeray, Volnais, Devienne.

L'Empereur avait demandé cette pièce, la veille, à trois heures
après-midi; Mlle Desrosiers étant absente, Mlle Mézeray a appris le
rôle de Mme Gercourt du jour au lendemain, pour le jouer à Saint-
Cloud.

SAINT-CLOUD.

30 juillet 1805.

LE MARIAGE SECRET, comédie en trois actes, en
vers, de Desfaucheretz, jouée par Saint-Fal, Armand, Lacave, Caumont, Dazincourt; Mmes Contat
et Mézeray.

Après la comédie, on danse le ballet de la Rosière par les premiers sujets de l'Opéra, et arrangé par Gardel.

THÉATRE-FRANÇAIS.

14 août 1805.

Spectacle gratis, la veille de la fête de l'Empereur.

(LE DISTRAIT. — L'AVEUGLE CLAIRVOYANT.)

THÉATRE-FRANÇAIS.

15 août 1805.

Relâche à cause de la fête de l'Empereur.

SAINT-CLOUD.

10 septembre 1805.

PHÈDRE, tragédie de Racine, jouée par Saint-Prix, Damas, Desprez; Mmes Duchesnois, Volnais, Thénard, Gros et Patrat.

SAINT-CLOUD.

19 septembre 1805.

LE MENTEUR, comédie de P. Corneille, jouée par Fleury (*Dorante*), Dazincourt (*Cliton*), Armand, Lacave, Naudet, Dublin; Mmes Talma (*Clarisse*), Émilie Contat, Mars et Devienne.

THÉATRE-FRANÇAIS.

26 novembre 1805.

Spectacle gratis, à l'occasion de l'entrée des Français dans Vienne, capitale de l'Autriche.

(L'ORPHELIN DE LA CHINE. — CRISPIN MÉDECIN).

THÉATRE-FRANÇAIS.

21 décembre 1805.

Spectacle gratis, en réjouissance de la bataille d'Austerlitz, gagnée le 2.

(LE LÉGATAIRE UNIVERSEL. — LA FAUSSE AGNÈS.)

THÉATRE-FRANÇAIS.

29 janvier 1806.

L'Empereur assiste à la représentation de MANLIUS, tragédie de Lafosse, jouée par Talma, Saint-Prix, Damas, Naudet, Desprez; Mmes Fleury, Thénard.

L'Empereur, qui paraissait pour la première fois en public depuis son retour d'Autriche, est reçu avec enthousiasme. La première scène était jouée au moment de son entrée dans sa loge, mais le public fait recommencer la pièce.

THÉATRE-FRANÇAIS.

1er février 1806.

L'Empereur assiste à la représentation d'IPHIGÉNIE

EN AULIDE, tragédie de Racine, jouée par Saint-Prix, Lafon, Desprez, etc. ; Mmes Duchesnois, Fleury, Bourgoin, etc.

THÉATRE-FRANÇAIS.

24 février 1806.

L'Empereur assiste à la représentation d'ATHALIE, tragédie de Racine, jouée par Saint-Prix (*Joad*), Talma (*Abner*), Baptiste aîné (*Nathan*); Mlle Raucourt (*Athalie*), Mlle Duchesnois (*Josabeth*).

Entre le premier et le deuxième acte, l'Empereur envoie l'ordre d'annoncer au public l'entrée de l'armée française dans Naples.

THÉATRE-FRANÇAIS.

1er mars 1806.

L'Empereur arrive au Théâtre-Français au moment où le premier acte de *Mérope* venait de finir. Le public a fait recommencer la pièce. C'est Mlle Raucourt qui joue le rôle de Mérope.

SAINT-CLOUD.

13 avril 1806.

ATHALIE, tragédie de Racine. Même distribution que le 24 mars 1805.

SAINT-CLOUD.

24 avril 1806.

Le Misanthrope, comédie en cinq actes, en vers, de Molière, jouée par Fleury (*Alceste*), Baptiste aîné (*Philinte*), Desprez (*Oronte*), Armand (*Acaste*), Michelot (*Clitandre*), Dugazon (*Dubois*), Larochelle (*le garde des maréchaux*); Mlle Contat (*Célimène*), Mme Thénard (*Arsinoé*), Mlle Mars (*Éliante*).

SAINT-CLOUD.

1er mai 1806.

La Mort de Pompée, tragédie en cinq actes, de P. Corneille, jouée par Talma (*César*), Damas (*Ptolémée*), Desprez (*Photin*), Varenne (*Achillas*), Michelot (*Septime*), Saint-Prix (*Achorée*), Baptiste aîné (*Philippe*), Lacave (*Antoine*); Mlle Georges (*Cléopâtre*), Mlle Raucourt (*Cornélie*), Mlle Gros (*Charmion*).

SAINT-CLOUD.

8 mai 1806.

L'Avare, comédie en cinq actes, en prose, de Molière, jouée par Caumont (*Harpagon*), Saint-Fal (*Valère*), Fleury (*Cléante*), Dazincourt (*Mr Jacques*), Baptiste aîné (*Anselme*), Lacave (*le commissaire*), Varenne (*Me Simon*), Dublin (*Brindavoine*), Armand

(*Lamerluche*), Larochelle (*Laflèche*); Mlle Mézeray (*Élise*), Mlle Mars (*Marianne*), Mlle Devienne (*Frosine*).

SAINT-CLOUD.

15 mai 1806.

POLYEUCTE, tragédie en cinq actes, de P. Corneille, jouée par Damas (*Polyeucte*), Lacave (*Néarque*), Baptiste aîné (*Félix*), Talma (*Sévère*), Desprez (*Albin*), Varenne (*Flavien*), Michelot (*Cléon*) ; Mlle Georges (*Pauline*), Mme Thénard (*Stratonice*).

SAINT-CLOUD.

18 mai 1806.

CORIOLAN, tragédie en cinq actes, de la Harpe, jouée par Talma (*Coriolan*), Baptiste aîné (*Tullus*), Mlle Raucourt (*Véturie*).

SAINT-CLOUD.

25 mai 1806.

LA MORT DE CÉSAR, tragédie en cinq actes, de Voltaire, jouée par Talma, Lafon, Baptiste aîné, etc.

SAINT-CLOUD.

29 mai 1806.

CINNA, tragédie en cinq actes, de P. Corneille. Les

rôles d'*Auguste*, de *Cinna* et de *Maxime* sont remplis par Monvel, Talma et Damas ; celui d'*Émilie*, par Mlle Georges. Sur la demande de l'Empereur, le rôle de Livie est rétabli, et il est joué par Mlle Raucourt.

Le spectacle se termine par LA GAGEURE IMPRÉVUE, jouée par Baptiste aîné, Fleury, Dazincourt ; Mmes Contat, Devienne et Mars.

SAINT-CLOUD.

1er juin 1806.

LE CID. Tous les rôles sont distribués par ordre de l'Empereur, qui fait rétablir celui de l'Infante et le confie à Mlle Georges. Monvel (*D. Diègue*), Talma (*Rodrigue*), Lafon (*Fernand*), Desprez (*D. Sanche*), Lacave (*D. Arias*), Varenne (*D. Alonzo*), Baptiste aîné (*D. Gormas*).

LES PROJETS DE MARIAGE, comédie d'Alexandre Duval, jouée par Michot, Damas, Armand, Dazincourt, et Mlle Mars.

SAINT-CLOUD.

5 juin 1806.

LE PHILOSOPHE SANS LE SAVOIR, comédie en cinq actes, en prose, de Sedaine, jouée par Baptiste aîné (*Vanderck père*), Fleury (*Vanderck fils*), Caumont

(*d'Esparville père*), Armand (*d'Esparville fils*), Dazincourt (*Antoine*), Desprez (*le président*), Larochelle
(*Champagne*), Baptiste cadet (*domestique*); Mme Thénard (*Mme Vanderck*), Mlle Contat (*la marquise*),
Mlle Mars (*Victorine*), Mlle Bourgoin *Mlle Vanderck*).

SAINT-CLOUD.

8 juin 1806.

SERTORIUS, tragédie en cinq actes, de P. Corneille,
jouée par Saint-Prix, Talma, Damas, Desprez;
Mmes Raucourt et Georges.

L'ÉPREUVE NOUVELLE, de Marivaux, jouée par
Fleury, Larochelle, Michot; Mmes Thénard, Émilie
Contat et Mars.

SAINT-CLOUD.

19 juin 1806.

LE PHILINTE DE MOLIÈRE, comédie de Fabre d'É-
glantine, jouée par Fleury, Damas, Larochelle,
Baptiste aîné, Dazincourt, Lacave, Baptiste cadet, et
Mme Talma.

MINUIT, comédie en un acte, en prose, de Desau-
dras, jouée par Caumont, Mmes Thénard, Mars, Devienne et Mézeray.

SAINT-CLOUD.

22 juin 1806.

ANDROMAQUE (Lafon, Desprez, Damas; Mmes Georges, Duchesnois, etc.).

LA JEUNESSE DE HENRI V, comédie en cinq actes, en
prose, de M. Alexandre Duval, jouée par Damas
(*Henry*), Fleury (*Rochester*), Michot (*Copp*), Ar-
mand (*Édouard*); Mme Talma (*Lady Clara*), Mlle Mars
(*Betty*).

SAINT-CLOUD.

26 juin 1806.

L'INCONSTANT, comédie en cinq actes, en vers, de
Collin d'Harleville, jouée par Fleury, Lacave, Da-
zincourt, Baptiste cadet; Mmes Mézeray et Émilie
Contat.

Le même jour, LES FAUSSES CONFIDENCES, de Marivaux. Fleury (*Dorante*), Caumont (*M. Rémy*),
Dazincourt (*Dubois*), Desprez (*Dorimont*), Baptiste
cadet (*Lubin*); Mlle Contat (*Araminte*), Mme Thénard
(*Mme Argante*), Mlle Devienne (*Marton*).

SAINT-CLOUD.

29 juin 1806.

LA MORT DE HENRI IV, tragédie en cinq actes de

Legouvé, jouée par Talma (*Henri IV*), Damas, Lafon, Desprez; Mlle Duchesnois.

Les Fausses Infidélités, comédie en un acte, en vers, de Barthe, jouée par Fleury, Armand, Baptiste cadet; Mmes Contat et Mars.

SAINT-CLOUD.

3 juillet 1806.

Britannicus, tragédie en cinq actes de Racine, jouée par Talma (*Néron*), Damas, Baptiste aîné, Desprez; Mmes Raucourt (*Agrippine*), Bourgoin, Thénard.

L'Amour et la Raison, comédie en un acte, en prose, de Pigault-Lebrun, jouée par Lacave, Dazincourt, Armand, Baptiste cadet; Mmes Mézeray et Devienne.

SAINT-CLOUD.

6 juillet 1806.

L'Intrigue épistolaire, comédie en cinq actes, en vers, de Fabre d'Églantine, jouée par Dugazon, Grandménil, Armand, Baptiste cadet, Desprez; Mmes Thénard, Mars, Émilie Contat, Desbrosses.

SAINT-CLOUD.

10 juillet 1806.

Zaire, tragédie en cinq actes de Voltaire, jouée

par Lafon (*Orosmane*), Damas, Baptiste aîné, Desprez ; Mlle Bourgoin (*Zaïre*).

Les Originaux, comédie en un acte, en prose, de Fagan, jouée par Dugazon, Armand, Baptiste aîné, Lacave ; Mmes Desroziers et Émilie Contat.

SAINT-CLOUD.

13 juillet 1806.

Rhadamiste et Zénobie de Crébillon, avec Talma dans le rôle de *Rhadamiste*, et Mlle Georges dans celui de *Zénobie*.

Les Rivaux d'eux-mêmes, comédie en un acte, en prose, de Pigault-Lebrun.

SAINT-CLOUD.

17 juillet 1806.

Le Festin de Pierre, arrangé par Thomas Corneille, joué par Fleury, Baptiste aîné, Dugazon, Baptiste cadet, Armand, Caumont, etc., et Mmes Desroziers, Émilie Contat, Desbrosses, Mars, Thénard, etc.

SAINT-CLOUD.

20 juillet 1806.

OEdipe, tragédie en cinq actes de Voltaire, jouée

par Talma (*OEdipe*), Lafon, Desprez, Baptiste aîné ; Mlle Raucourt (*Jocaste*).

HEUREUSEMENT, comédie en un acte, en vers, de Rochon de Chabannes, jouée par Caumont, Armand, Larochelle ; Mmes Talma, Devienne.

SAINT-CLOUD.

24 juillet 1806.

LES FEMMES SAVANTES, comédie en cinq actes, en vers, de Molière, jouée par Fleury (*Clitandre*), Grandménil (*Chrysale*), Dazincourt (*Vadius*), Baptiste cadet (*Trissotin*), Lacave (*Ariste*), Varenne (*le notaire*) ; Mlle Contat (*Philaminte*), Mme Thénard (*Bélise*), Mme Talma (*Armande*), Mlle Mars (*Henriette*), Mlle Devienne (*Martine*).

SAINT-CLOUD.

27 juillet 1806.

MAHOMET, tragédie en cinq actes de Voltaire, jouée par Lafon (*Mahomet*), Baptiste aîné, Desprez, Damas ; Mlle Volnais.

LE LEGS, comédie de Marivaux, jouée par Fleury (*le marquis*), Michelot (*le chevalier*), Dugazon (*Lépine*) ; Mlle Contat (*la comtesse*), Mlle Volnais (*Hortense*), Mlle Émilie Contat (*Lisette*).

Les ambassadeurs de la Porte Ottomane ont assisté à la représentation.

SAINT-CLOUD.

31 juillet 1806.

NICOMÈDE, tragédie en cinq actes de Pierre Corneille, jouée par Talma (*Nicomède*), Baptiste aîné, Damas, Desprez; Mlle Duchesnois (*Arsinoé*), Mlle Georges (*Laodice*).

L'AVEUGLE CLAIRVOYANT, comédie en un acte, en vers, de Legrand, jouée par Fleury, Armand, Dugazon, Baptiste cadet; Mmes Thénard, Mars.

SAINT-CLOUD.

3 août 1806.

L'AMANT BOURRU, comédie en trois actes, en vers, de Monvel, jouée par Fleury, Armand, Baptiste aîné, Dugazon, Larochelle; Mmes Talma et Contat.

SAINT-CLOUD.

7 août 1806.

HÉRACLIUS, tragédie en cinq actes de Pierre Corneille, jouée par Talma (*Héraclius*), Damas, Saint-Prix, Desprez; Mmes Raucourt (*Léontine*), Georges (*Pulchérie*), Volnais.

LES HÉRITIERS, comédie en un acte, en prose, d'Alexandre Duval, jouée par Dugazon, Michot, Armand, Baptiste cadet; Mmes Thénard et Mars.

SAINT-CLOUD.

10 août 1806.

Bajazet, tragédie en cinq actes, de Racine, jouée par Saint-Prix, Damas, Desprez; Mlle Duchesnois (*Roxane*), Bourgoin, Thénard, etc.

La Pupille, comédie en un acte, en prose, de Fagan, jouée par Grandménil, Lacave, Armand; Mmes Volnais, Émilie Contat.

THÉATRE-FRANÇAIS.

14 août 1806.

Spectacle gratis, la veille de la fête de l'Empereur.

(LES MÉNECHMES. — LES HÉRITIERS.)

15 août 1806.

Relâche à cause de la fête de l'Empereur.

SAINT-CLOUD.

28 août 1806

Iphigénie en Aulide, tragédie en cinq actes de Racine, jouée par Talma (*Achille*), Saint-Prix, Desprez; Mlle Raucourt (*Clytemnestre*), Mlle Georges (*Ériphile*), Mlle Bourgoin (*Iphigénie*).

8

SAINT-CLOUD.

31 août 1806.

LA MÉTROMANIE, comédie en cinq actes, en vers, de Piron, jouée par Fleury (*Damis*), Grandménil (*Francaleu*), Baptiste aîné (*Baliveau*), Armand (*Dorante*), Dazincourt (*Mondor*); Mlle Mars (*Lucile*), Mlle Devienne (*Lisette*).

SAINT-CLOUD.

4 septembre 1806.

LE MARIAGE DE FIGARO, comédie en cinq actes, en prose, de Beaumarchais, jouée par Fleury (*le comte*), Dugazon (*Figaro*), Caumont (*Bartholo*), Baptiste cadet (*Basile*), Michot (*Antonio*), Larochelle (*Brid'oison*), Lacave (*Doublemain*), Armand (*l'huissier*), Gontier (*Grippe-soleil*), Dublin (*Pédrille*); Mlle Contat (*la comtesse*), Mlle Devienne (*Suzanne*), Mlle Mars (*Chérubin*), Mme Thénard (*Marceline*), Mlle Bourgoin (*Fanchette*).

Danses par les premiers sujets de l'Académie impériale de musique.

SAINT-CLOUD.

18 septembre 1806.

OMASIS, tragédie en cinq actes de Baour-Lormian,

jouée par Talma (*Joseph*), Damas, Baptiste aîné, Desprez; Mmes Volnais, Mars.

L'ESPRIT DE CONTRADICTION, comédie en un acte, en prose, de Dufrény, jouée par Caumont, Michot, Armand, Baptiste cadet; Mmes Thénard, Mars.

SAINT-CLOUD.

6 août 1807.

ÉSOPE A LA COUR, comédie en cinq actes, en vers, de Boursault, jouée par Fleury (*Ésope*), Damas (*Crésus*), Leclerc (*Tirrone*), Desprez (*Thrasybule*), Lacave (*Iphis*), Michelot (*Plexippe*), Armand (*Cléon*), Dugazon (*Griffet*), Baptiste cadet (*Atis*), Dazincourt (*Lycas*); Mlle Bourgoin (*Arsinoé*), Mlle Mézeray (*Laïs*), Mlle Devienne (*Rhodope*), Mme Thénard (*Léonide*).

SAINT-CLOUD.

13 août 1807.

BÉRÉNICE, tragédie en cinq actes de Racine, jouée par Damas, Lafon, Desprez; Mlle Georges.

LE PARLEUR CONTRARIÉ, comédie en un acte, en vers, de Delaunay, jouée par Damas, Baptiste aîné, Caumont, Baptiste cadet, Dazincourt; Mmes Devienne et Volnais.

THÉATRE-FRANÇAIS.

14 août 1807.

Spectacle gratis, la veille de la fête de l'Empereur.

(GASTON ET BAYARD. — SGANARELLE.)

THÉATRE-FRANÇAIS.

15 et 16 août 1807.

Relâche à cause de la fête de l'Empereur.

SAINT-CLOUD.

17 août 1807.

ANDROMAQUE, par Lafon, Damas, Desprez; Mmes Duchesnois, Georges, Gros, etc.

LA GAGEURE IMPRÉVUE, par Baptiste aîné, Fleury, Dazincourt, Baptiste cadet; Mmes Contat, Bourgoin, Devienne.

SAINT-CLOUD.

3 septembre 1807.

BAJAZET, par Saint-Prix, Damas, Desprez; Mmes Duchesnois, Volnais, Thénard, Gros.

LE PROCUREUR ARBITRE, comédie en un acte, en vers, de Poisson, jouée par Fleury (*Ariste*), Dugazon (*Desquivas*), Dazincourt (*Verdas*), Lacave (*Lisidor*), Caumont (*Géronte*); Mmes Gros (*la veuve*), Thénard (*la baronne*), Devienne (*Lisette*), Bourgoin (*Agenor*), Volnais (*Isabelle*).

SAINT-CLOUD.

17 septembre 1807.

HÉRACLIUS, par Talma, Damas, Saint-Prix, Desprez; Mmes Raucourt, Georges, Volnais.

L'HEUREUSE ERREUR, comédie en un acte, en prose, de Patrat, jouée par Fleury, Armand, Baptiste cadet; Mmes Mézeray, Bourgoin, etc.

THÉATRE-FRANÇAIS.

19 septembre 1807.

L'Empereur et l'Impératrice assistent à la représentation de CINNA, pour la rentrée de Talma, et du CERCLE, comédie de Poinsinet, jouée par Fleury, Dazincourt, Caumont, Desprez; Mmes Contat, Mézeray, Volnais, Bourgoin, Devienne.

C'est la première fois que l'Empereur paraît au théâtre à Paris, depuis son retour de l'armée.

SÉJOUR A FONTAINEBLEAU.

25 septembre 1807.

Horace, tragédie en cinq actes de Pierre Corneille, jouée par Saint-Prix (*le vieil Horace*), Talma (*Horace*), Damas (*Curiace*), Baptiste aîné (*Tulle*), Desprez (*Valère*), Lacave (*Flavian*); Mlle Duchesnois (*Sabine*), Mlle Georges (*Camille*), Mlle Gros (*Julie*).

28 septembre 1807.

Tartufe, comédie en cinq actes, en vers, de Molière, jouée par Fleury (*Tartufe*), Grandménil (*Orgon*), Damas (*Valère*), Armand (*Damis*), Lacave (*Cléanthe*), Dugazon (*Loyal*), Baptiste cadet (*l'exempt*); Mme Thénard (*Mme Pernelle*), Mlle Contat (*Elmire*), Mlle Mézeray (*Marianne*), Mlle Devienne (*Dorine*), Mlle Amalric Contat (*Flipote*).

30 septembre 1807.

Iphigénie en Aulide, par Saint-Prix, Talma, Desprez; Mmes Raucourt, Georges, Bourgoin, Thénard, etc.

2 octobre 1807.

Le Philinte de Molière, par Fleury, Damas, Michot, Baptiste aîné, Dazincourt, Lacave, Baptiste cadet; Mlle Mézeray.

5 octobre 1807.

Rhadamiste et Zénobie, par Talma, Saint-Prix, Damas, Desprez; Mlle Georges.

7 octobre 1807.

L'Intrigue épistolaire, par Dugazon, Grandménil, Armand, Baptiste cadet, Desprez; Mmes Mars, Thénard, Émilie et Amalric Contat.

9 octobre 1807.

Œdipe, par Talma, Saint-Prix, Baptiste aîné; Mlle Raucourt.

14 octobre 1807.

Le Cid, par Baptiste aîné, Talma, Lafon, Saint-Prix, Desprez; Mlle Duchesnois.

16 octobre 1807.

Le Joueur, comédie en cinq actes, en vers, de Regnard, jouée par Fleury (*Valère*), Baptiste aîné (*Géronte*), Dugazon (*le marquis*), Dazincourt (*Hector*), Baptiste cadet (*Tout-à-bas*), Lacave (*Galonier*), Desprez (*Dorante*); Mlle Mézeray (*Angélique*), Mme Thénard (*la comtesse*), Mlle Devienne (*Nérine*), Mlle Émilie Contat (*Mme la Ressource*), Mlle Amalric Contat (*Mme Adam*).

19 octobre 1807.

LES VÉNITIENS, tragédie en cinq actes, de M. Arnault, jouée par Baptiste aîné, Damas, Talma, Desprez ; Mmes Duchesnois, Thénard.

23 octobre 1807.

MITHRIDATE, tragédie en cinq actes de Racine, jouée par Saint-Prix (*Mithridate*), Lafon (*Pharnace*), Damas (*Xipharès*), Desprez (*Arbate*), Varenne (*Arcas*) ; Mlle Georges (*Monime*), Mlle Patrat (*Phœdime*).

26 octobre 1807.

LES CHATEAUX EN ESPAGNE, comédie en cinq actes, en vers, de Collin d'Harleville, jouée par Fleury (*Dorlange*), Lacave (*Dorfeuille*), Armand (*Florville*), Dugazon (*Victor*), Baptiste cadet (*François*), Dublin (*Olivier*) ; Mlle Mars (*Henriette*), Mlle Émilie Contat (*Justine*).

28 octobre 1807.

LA MORT DE POMPÉE, même distribution que le 1er mai 1806 à Saint-Cloud.

2 novembre 1807.

IPHIGÉNIE EN TAURIDE, tragédie en cinq actes, de

Guymond de la Touche, jouée par Talma (*Oreste*),
Damas (*Pylade*), Desprez (*Thoas*), Mainvielle (*l'es-
clave*), Varenne (*Arbas*); Mlle Raucourt (*Iphigénie*),
Mlle Gros (*Ismène*), Mlle Patrat (*Eumène*).

4 novembre 1807.

L'Optimiste, comédie en cinq actes, en vers, de
Collin d'Harleville, jouée par Dugazon (*M. de Plin-
ville*), Baptiste aîné (*Morinval*), Lacave (*Dorfeuil*),
Armand (*Belfort*), Dazincourt (*Picard*), Baptiste ca-
det (*Lépine*); Mme Thénard (*Mme de Plinville*),
Mlle Mars (*Angélique*), Mlle Mézeray (*Mme de Roselle*),
Mlle Amalric Contat (*Rose*).

6 novembre 1807.

Manlius, par Talma et Mlle Duchesnois.

9 novembre 1807.

Rodogune, tragédie en cinq actes, de Pierre Corneille, jouée par Talma (*Antiochus*), Damas, Desprez, Lacave; Mlle Raucourt (*Cléopâtre*), Mlle Duchesnois (*Rodogune*), Mlle Patrat.

11 novembre 1807.

Les Précepteurs, comédie en cinq actes, en vers,
de Fabre d'Églantine, jouée par Baptiste aîné, Da-

mas, Caumont, Grandménil, Baptiste cadet, Mlles Thénard, Devienne, Talma, Mars, Patrat.

13 novembre 1807.

Nicomède, même distribution que le 31 juillet
1806 à Saint-Cloud.

THÉATRE-FRANÇAIS.

26 novembre 1807.

Spectacle gratis pour la rentrée à Paris de la
garde impériale.

(GASTON ET BAYARD. — LES FOLIES AMOUREUSES.)

LES TUILERIES.

16 janvier 1808.

Cinna, par Talma, Saint-Prix, Damas et Mlle Georges.

On devait jouer Bruéis et Palaprat; mais, après la tragédie,
l'Empereur est obligé de sortir de la salle, dont la température
est glaciale. Le théâtre des Tuileries, restauré, ouvrait pour la
première fois.

LES TUILERIES.

23 janvier 1808.

Brutus, tragédie en cinq actes, de Voltaire, jouée
par Saint-Prix (*Brutus*), Talma (*Titus*), Lafon, Desprez, Baptiste aîné; Mlle Duchesnois (*Tullie*).

Bruéis et Palaprat, comédie en un acte, en vers, de M. Étienne, jouée par Lafon (*Bruéis*), Fleury (*Palaprat*), Damas (*Vendôme*), Baptiste cadet (*Grapin*); Mlle Mars (*Mlle Beauval*).

LES TUILERIES.

6 février 1808.

Polyeucte, par Talma, Saint-Prix, Baptiste aîné; Mlle Georges.

L'Original, comédie en un acte, en vers, d'Hoffmann, jouée par Fleury, Armand et Mlle Contat.

LES TUILERIES.

13 février 1808.

Le Comte d'Essex, tragédie en cinq actes, de Th. Corneille, jouée par Talma (*le comte*), Desprez, Leclerc, Varenne; Mlle Raucourt (*Élisabeth*), Mlle Duchesnois (*la duchesse*), Mlle Gros.

Le Legs, joué par Fleury, Armand, Dugazon; Mmes Contat, Volnais et Émilie Contat.

LES TUILERIES.

20 février 1808.

Venceslas, tragédie en cinq actes, de Rotrou, jouée par Saint-Prix (*Venceslas*), Talma (*Ladislas*), Damas (*le duc*), Michelot (*Alexandre*); Mlle Georges

(*Cassandre*), Mlle Volnais (*Théodora*), Mlle Gros
(*Léonore*).

L'ÉPREUVE NOUVELLE, jouée par Fleury, Michot,
Dugazon, Thénard ; Mmes Mars et Émilie Contat.

LES TUILERIES.

5 mars 1808.

IPHIGÉNIE EN AULIDE, jouée par Saint-Prix, Talma,
Desprez ; Mmes Raucourt, Georges, Bourgoin, etc.

LES TUILERIES.

12 mars 1808.

OEDIPE, par Talma (*OEdipe*), et Mlle Raucourt
(*Jocaste*).

CAROLINE OU LE TABLEAU, comédie en un acte, en
vers, de Roger, jouée par Grandménil, Damas, Dugazon ; Mmes Mars et Thénard.

SAINT-CLOUD.

31 mars 1808.

ÉLECTRE, tragédie en cinq actes, de Crébillon,
jouée par Talma (*Oreste*), Saint-Prix, Baptiste aîné,
Michelot, Varenne, Leclerc ; Mmes Raucourt (*Électre*),
Thénard, Bourgoin, Patrat.

LE FLORENTIN, comédie en un acte, en vers, de

la Fontaine, jouée par Caumont, Michelot, Dublin, Varenne ; Mmes Bourgoin, Thénard, Émilie Contat.

THÉATRE-FRANÇAIS.

14 août 1808.

Spectacle gratis, la veille de la fête de l'Empereur.

(LE CID. — LE MERCURE GALANT).

THÉATRE-FRANÇAIS.

15 août 1808.

Relâche à cause de la fête de l'Empereur.

SAINT-CLOUD.

18 août 1808.

ARTAXERCE, tragédie en cinq actes, de Delrieu, jouée par Saint-Prix, Lafon, Damas, Desprez, Leclerc ; Mlle Bourgoin.

LE LEGS, joué par Fleury, Armand, Baptiste cadet ; Émilie Leverd, Rose Dupuis, Devienne.

SAINT-CLOUD.

25 août 1808.

L'ASSEMBLÉE DE FAMILLE, comédie en cinq actes, en vers, de Riboutté, jouée par Fleury, Damas,

Michot, Armand, Thénard, Lacave ; Mmes Mézeray, Mars, Rose Dupuis, Devienne.

MINUIT, par Lacave, Mmes Thénard, Mars, Devienne, Bourgoin.

SAINT-CLOUD.

1er septembre 1808.

PHILOCTÈTE, tragédie en cinq actes, de la Harpe, jouée par Talma (*Philoctète*), Damas, Desprez, Leclerc, Varenne.

SAINT-CLOUD.

8 septembre 1808.

ORESTE, tragédie en cinq actes, de Voltaire, jouée par Talma (*Oreste*), Damas, Baptiste aîné, Leclerc, Varenne ; Mmes Julie Damas (*Clytemnestre*), Duchesnois (*Électre*), Bourgoin.

L'ÉPREUVE NOUVELLE, jouée par Fleury, Dugazon, Michot ; Mmes Thénard, Mars, Émilie Contat.

SAINT-CLOUD.

15 septembre 1808.

ÉLECTRE, jouée par Talma, Saint-Prix, Baptiste aîné, Michelot, etc., et Mmes Duchesnois (*Électre*), Julie Damas (*Clytemnestre*), Rose Dupuis (*Iphianasse*), Thénard (*Mélite*).

LE RETOUR IMPRÉVU, comédie en un acte, en prose, de Regnard, jouée par Grandménil, Michelot, Fleury. Lacave, Dugazon, Baptiste cadet; Mmes Thénard, Rose Dupuis, Mézeray, Devienne.

VOYAGE A ERFURT (Saxe).

Le 19 septembre 1808.

La Comédie ayant reçu l'ordre de se rendre en partie à Erfurt, pour y jouer pendant le séjour de l'Empereur, quatorze artistes sont partis dans la matinée. Voici le personnel pour cette excursion : Saint-Prix, Talma, Damas, Lafon, Desprez, Lacave, Varenne; Mmes Raucourt, Talma, Duchesnois, Bourgoin. Gros, Patrat, Rose Dupuis, tous sous la direction de Dazincourt, comme ordonnateur des spectacles de la cour. (Un secrétaire, souffleur, et un garçon de théâtre.) On a joué une représentation de LA MORT DE CÉSAR, à Weimar, et quinze représentations à Erfurt, composées de : CINNA, ANDROMAQUE, MITHRIDATE, IPHIGÉNIE EN AULIDE, ZAIRE, BRITANNICUS, OEDIPE, RHADAMISTE, RODOGUNE, MAHOMET, LE CID, BAJAZET, HORACE, MANLIUS, PHÈDRE.

Les comédiens sont rentrés à Paris le 1er novembre.

SAINT-CLOUD.

20 octobre 1808.

L'Empereur, arrivé le 18 octobre dans la nuit, fait, le 19, demander à onze heures du matin, par M. de Rémusat, un spectacle pour le lendemain, à Saint-Cloud. En conséquence, on a joué :

TARTUFE, par Fleury, Grandménil, Saint-Fal, Armand, Vanhove, Thénard, Baptiste cadet, Mmes Contat, Thénard, Mars, Devienne, et LES HÉRITIERS, par Dugazon, Michot, Vanhove, Baptiste cadet, Armand, Dublin, Mmes Thénard, Mars.

LES TUILERIES.

19 janvier 1809.

LES FEMMES SAVANTES, comédie jouée par Fleury (*Clitandre*), Grandménil (*Chrysale*), Lacave (*Ariste*), Dugazon (*Vadius*), Baptiste cadet (*Trissotin*), Dublin (*Julien*), Thénard (*l'Épine*), Varenne (*le notaire*); Mmes Contat (*Philaminte*), Talma (*Armande*), Mars (*Henriette*), Thénard (*Bélise*), Devienne (*Martine*).

LES TUILERIES.

23 février 1809.

LA MÈRE JALOUSE, comédie en trois actes, en vers,

de Barthe, jouée par Fleury, Baptiste aîné, Armand, Michot, Desprez, Dublin; Mmes Contat, Talma, Mars.

LES TUILERIES.

2 mars 1809.

Rome sauvée, tragédie en cinq actes, de Voltaire, jouée par Saint-Prix (*Cicéron*), Talma (*Catilina*), Lafon (*César*), Damas, Lacave, Desprez, Varenne, Michelot, Leclerc, et Mlle Duchesnois (*Aurélie*).

THÉATRE-FRANÇAIS.

6 mars 1809.

L'Empereur et l'Impératrice assistent à la représentation de retraite de Mlle Contat aînée, après trente et un ans de services. Cette représentation se compose, 1° de la reprise d'Othello, par Talma (*Othello*) et Mme Talma (*Hédelmone*) ;

2° Des Deux Pages. Mlle Contat joue le rôle de *Mme Philips* pour la dernière fois ; les autres rôles sont joués par Fleury (*le roi*), Michot (*Philips*), Lacave (*l'Allemand*), Baptiste cadet (*le Français*), Dublin (*l'Anglais*), Thénard (*l'Italien*), Varenne (*le cocher*); Mlle Raucourt (*Riesberg*), Mme Thénard (*Lisbeth*), Mlle Mars (*Auguste*), Mme Bourgoin (*Théodore*), Mlle Volnais (*Caroline*). Toute la Comédie paraît dans la suite des Deux Pages ;

3° D'un divertissement dansé par les premiers sujets de l'Académie impériale de musique.

La recette s'est élevée à 24,000 francs.

LA MALMAISON.

19 mars 1809.

La Gageure imprévue, jouée par Baptiste aîné, Fleury, Dugazon, Baptiste cadet; Mme Contat aînée, Mlle Mars, Mlle Devienne, Mme Thénard.

THÉATRE-FRANÇAIS.

6 mai 1809.

Spectacle gratis en réjouissance des victoires remportées, par l'Empereur en personne, sur l'armée autrichienne, commandée par l'archiduc Charles :

IPHIGÉNIE EN AULIDE. — LES PLAIDEURS.)

THÉATRE-FRANÇAIS.

14 août 1809.

Spectacle gratis la veille de la fête de l'Empereur.

(RHADAMISTE ET ZÉNOBIE. — LES FOURBERIES DE SCAPIN.)

THÉATRE-FRANÇAIS.

15 août 1809.

Relâche à cause de la fête de l'Empereur.

FONTAINEBLEAU.

3 novembre 1809.

LE SECRET DU MÉNAGE, comédie en trois actes, en vers, de Creuzé, jouée par Armand, Mmes Mars et Mézeray.

FONTAINEBLEAU.

6 novembre 1809.

LA REVANCHE, comédie en trois actes, en prose, de MM. Roger et Creuzé, jouée par Fleury, Damas, Baptiste aîné, Devigny ; Michelot, Michot, Mmes Volnais et Émilie Contat.

THÉATRE-FRANÇAIS.

18 novembre 1809.

L'Empereur, qui n'avait pas encore paru au théâtre à Paris, assiste à la représentation d'HORACE et de BRUÉIS ET PALAPRAT.

9.

THÉATRE-FRANÇAIS.

2 décembre 1809.

Spectacle gratis pour l'anniversaire du couronnement de l'Empereur.

(IPHIGÉNIE EN AULIDE. — CRISPIN MÉDECIN.)

LES TUILERIES.

25 janvier 1810.

ZAÏRE, par Lafon, Baptiste aîné, Damas, Lacave, Barbier, Michelot; Mmes Volnais et Patrat.

L'AVEUGLE CLAIRVOYANT, par Fleury, Thénard, Michelot, Baptiste cadet, Barbier; Mmes Thénard, Volnais, Devienne.

LES TUILERIES.

1er février 1810.

POLYEUCTE, par Talma, Damas, Baptiste aîné, Desprez, Barbier, Lacave, Michelot; Mmes Volnais, Thénard.

LES TUILERIES.

8 février 1810.

BRUÉIS ET PALAPRAT, par Fleury, Lafon, Damas, Baptiste cadet et Mlle Mars.

LES TUILERIES.

15 février 1810.

MOLIÈRE AVEC SES AMIS, comédie en un acte, en vers, d'Andrieux, jouée par Fleury (*Molière*), Saint-Fal (*la Fontaine*), Damas (*Boileau*), Baptiste aîné (*Chapelle*), Lacave (*Mignard*), Michot (*Lulli*); Mlle Devienne (*Laforest*), Mlle Volnais (*Mlle Béjard*).

THÉATRE-FRANÇAIS.

19 février 1810.

L'Empereur assiste à la représentation du MA-RIAGE DE FIGARO.

THÉATRE-FRANÇAIS.

21 février 1810.

L'Empereur assiste à la représentation d'HÉRA-CLIUS.

THÉATRE-FRANÇAIS.

7 mars 1810.

L'Empereur assiste à la représentation de BRUNE-HAUT.

SAINT-CLOUD.

31 mars 1810.

ZAÏRE. L'Impératrice Marie-Louise étant arrivée

de la veille, c'est la première représentation qui a été donnée devant S. M.

THÉATRE-FRANÇAIS.

1er avril 1810.

Spectacle gratis, veille de la célébration du mariage de l'Empereur.

(TARTUFE. — LA FAUSSE AGNÈS.)

SAINT-CLOUD.

1er avril 1810.

IPHIGÉNIE EN AULIDE, jouée par St-Prix, Talma, Desprez, Lacave, Barbier; Mmes Raucourt, Duchesnois, Volnais, Thénard, Patrat.

LE LEGS, par Fleury, Armand, Thénard; Mmes Talma, Volnais, Devienne.

C'est le jour du mariage civil de l'Empereur, célébré à Saint-Cloud.

THÉATRE-FRANÇAIS.

2 avril 1810.

Relâche à cause des réjouissances publiques relatives à la célébration du mariage de l'Empereur.

THÉATRE-FRANÇAIS.

3 avril 1810.

Spectacle gratis : LE CID, MONSIEUR DE CRAC.

Entre les deux pièces on a chanté des couplets relatifs au mariage de l'Empereur, composés par Bouilly.

SÉJOUR A COMPIÈGNE.

6 avril 1810.

LE CID, par Baptiste aîné, Talma, Desprez, Saint-Prix, Michelot, Lacave; Mmes Volnais, Patrat.

7 avril 1810.

PHÈDRE, par Saint-Prix, Damas, Desprez; Mmes Duchesnois, Thénard, Fontanier, Volnais, Patrat.

8 avril 1810.

ANDROMAQUE, par Talma, Damas, Lacave, Michelot; Mmes Duchesnois, Volnais, Fontanier, Patrat.

9 avril 1810.

BRITANNICUS, par Talma, Michelot, Saint-Prix, Desprez; Mmes Raucourt, Volnais, Patrat.

23 avril 1810.

LE MISANTHROPE, par Fleury (*Alceste*), Desprez

(*Oronte*), Lacave (*Philinte*), Armand (*Acaste*), Michelot (*Clitandre*), Devigny (*l'exempt*), Michot (*Dubois*), Thénard (*Basque*); Mlle Leverd (*Célimène*); Mlle Mars (*Éliante*); Mlle Pélicier (*Arsinoé*).

24 avril 1810.

TARTUFE, par Fleury (*Tartufe*), Grandménil (*Orgon*), Desprez (*Cléante*), St-Fal (*Valère*), Armand (*Damis*); Thénard (*Loyal*); Damas (*l'exempt*); M^elles Leverd (*Elmire*), Pélicier (*Mme Pernelle*), Mars (*Marianne*), Devienne (*Dorine*).

25 avril 1810.

LA GAGEURE IMPRÉVUE, par Baptiste aîné, Thénard, Fleury, Dublin, Devigny; Mmes Talma, Volnais, Devienne, Pélicier.

LA JEUNESSE DE HENRI V, par Damas, Fleury, Michot, Thénard, Armand; Mmes Volnais, Mars.

26 avril 1810.

LE SECRET DU MÉNAGE, par Armand, Mmes Mars et Mézeray.

LES PROJETS DE MARIAGE, par Damas, Armand, Michot, Thénard, Mlle Mars.

THÉATRE-FRANÇAIS.

20 juin 1810.

L'Empereur et l'Impératrice assistent à la représentation de CINNA et des FAUSSES INFIDÉLITÉS.

C'est la première fois que Marie-Louise paraît au Théâtre-Français.

SAINT-CLOUD.

22 juin 1810.

LES ÉTATS DE BLOIS, tragédie en cinq actes, de Raynouard, jouée par Talma (*duc de Guise*), Lafon (*Henri de Bourbon*), Damas (*duc de Mayenne*), Desprez (*duc d'Aumale*), Baptiste aîné (*Crillon*), St-Prix (*Bussy le Clerc*), Michelot (*Menneville*), Lacave (*Marillac*), Colson (*Aubry*), Barbier (*Loignac*); Mlle Raucourt (*Catherine de Médicis*).

SAINT-CLOUD.

28 juin 1810.

HECTOR, tragédie en cinq actes, de Luce de Lancival, jouée par Talma (*Hector*), Damas, Lafon, Baptiste aîné, Barbier, Lacave, Michelot; Mlle Duchesnois (*Andromaque*), Mlle Patrat.

SAINT-CLOUD.

5 juillet 1810.

JOSEPH EN ÉGYPTE, tragédie en cinq actes, de Baour-Lormian, jouée par Lafon, Baptiste aîné, Damas, Desprez, Barbier, Lacave, Michelot, Colson; Mmes Volnais, Mars, Patrat.

SAINT-CLOUD.

19 juillet 1810.

LE PHILOSOPHE SANS LE SAVOIR, joué par Baptiste aîné (*Vanderck père*), Damas (*Vanderck fils*), Devigny (*d'Esparville père*); Armand (*d'Esparville fils*), Michot (*Antoine*), Desprez (*le président*), Dublin (*laquais de d'Esparville*), Thénard (*Champagne*); Mlle Leverd (*la marquise*), Mlle Mars (*Victorine*), Mlle Rose Dupuis (*Mlle Vanderck*), Mme Thénard (*Mme Vanderck*).

LES TUILERIES.

22 juillet 1810.

LE CERCLE, comédie en un acte, en prose, de Poinsinet, jouée par Fleury, Devigny, Armand, Thénard, Dublin, Desprez; Mmes Leverd, Mézeray, Boissière, Mars, Devienne.

SAINT-CLOUD.

26 juillet 1810.

LE TYRAN DOMESTIQUE, comédie en cinq actes, en vers, d'Alexandre Duval, jouée par Fleury (*Valmont*), Saint-Fal (*Derbain*), Baptiste cadet (*Dupré*), Armand (*Charles*), Thénard (*Picard*); Mmes Leverd (*Mme Valmont*), Mézeray (*Mme Dupré*), Mars (*Eugénie*).

SAINT-CLOUD.

2 août 1810.

LE BOURRU BIENFAISANT, comédie en trois actes, en prose, de Goldoni, jouée par Saint-Fal (*Géronte*), Fleury (*Dorval*), Michelot (*Valère*), Armand (*Dalancourt*), Baptiste cadet (*Picard*); Mmes Mézeray (*Mme Dalancourt*), Mars (*Angélique*), Devienne (*Marton*).

LE PARLEUR CONTRARIÉ, comédie en un acte, en vers, de Delaunay, jouée par Damas, Baptiste aîné, Devigny, Baptiste cadet, Thénard; Mmes Volnais, Devienne.

TRIANON.

5 août 1810.

LE BARBIER DE SÉVILLE, comédie en quatre actes, en prose, de Beaumarchais, jouée par Fleury (*comte*

Almaviva), Thénard (*Figaro*), Devigny (*Bartholo*), Baptiste cadet (*Basile*), Salpêtre (*le bâilleur*), Dublin (*l'éternueur*), Lacave (*l'alcade*), Vanhove (*le notaire*); Mme Mézeray (*Rosine*).

LES HÉRITIERS, par Devigny, Michot, Baptiste cadet, Lacave, Armand, Dublin; Mmes Thénard, Mars.

TRIANON.

9 août 1810.

LES FEMMES SAVANTES par Fleury (*Clitandre*), Grandménil (*Chrysale*), Lacave (*Ariste*), Michot (*Vadius*), Baptiste cadet (*Trissotin*), Dublin (*Julien*), Thénard (*Lépine*), Barbier (*le notaire*); Mlle Mézeray (*Philaminte*), Mme Thénard (*Bélise*), Mlle Leverd (*Armande*), Mlle Mars (*Henriette*), Mme Devienne (*Martine*).

THÉATRE-FRANÇAIS.

14 août 1810.

Spectacle gratis, veille de l'anniversaire de la naissance de l'Empereur et de la fête patronale de l'Impératrice.

(HECTOR. — LES FOURBERIES DE SCAPIN.)

THÉATRE-FRANÇAIS.

15 août 1810.

Relâche le jour de la fête.

SAINT-CLOUD.

16 août 1810.

LES DEUX GENDRES, comédie en cinq actes, en vers, de M. Étienne, jouée par Fleury, Saint-Fal, Damas, Devigny, Michelot, Thénard, Faure, Michot; Mmes Leverd, Mars.

SAINT-CLOUD.

26 août 1810.

ATHALIE, jouée par Saint-Prix (*Joad*), Talma (*Abner*), Desprez, Lacave, Michelot, Barbier, Colson; Mmes Raucourt (*Athalie*), Duchesnois (*Josabeth*), Maillard, Dupuis, Patrat, la petite Adèle.

SAINT-CLOUD.

30 août 1810.

L'AVARE, par Grandménil (*Harpagon*), Armand (*Cléante*), Saint-Fal (*Valère*), Michot (*Me Jacques*), Vanhove (*Me Simon*), Lacave (*Anselme*), Thénard (*Laflèche*), Devigny (*le commissaire*), Faure (*Lamerluche*), Dublin (*Brindavoine*); Mlle Mézeray (*Lise*), Mlle Rose Dupuis (*Marianne*), Mlle Devienne (*Frosine*).

SAINT-CLOUD.

13 septembre 1810.

Le Joueur, comédie en cinq actes, en vers, de Regnard, jouée par Fleury (*Valère*), Desprez (*Dorante*), Baptiste aîné (*Géronte*), Thénard (*Hector*), Faure (*le marquis*), Baptiste cadet (*Tout-à-bas*), Vanhove (*Galonier*); Mlle Mars (*Angélique*), Mme Thénard (*la comtesse*), Mlle Devienne (*Nérine*), Mlle Émilie Contat (*Mme la Ressource*), Mlle Félicien (*Mme Adam*).

THÉATRE-FRANÇAIS.

22 septembre 1810.

L'Empereur et l'Impératrice assistent à la représentation de Mahomet. On commence le spectacle par le Conteur, LL. MM. n'étant arrivées qu'à huit heures.

SÉJOUR A FONTAINEBLEAU.

28 septembre 1810.

La Mort de Pompée, par Talma (*César*) et Mlle Duchesnois (*Cornélie*).

Minuit, par Lacave, Mmes Pélicier, Volnais, Mézeray, Devienne.

3 octobre 1810.

L'École des Bourgeois, comédie en trois actes, en prose, de d'Allainval, jouée par Fleury (*marquis de Moncade*), Michot (*Pot-de-vin*), Devigny (*Matthieu*), Michelot (*Damis*), Faure (*le coureur*), Lacave (*le commandeur*), Baptiste cadet (*le commissaire*), Marchand (*le notaire*), Desprez (*le comte*); Mme Thénard (*Mme Abraham*), Mlle Devienne (*Marton*), Mlle Boissière (*Benjamine*).

Les Étourdis, comédie en trois actes, en vers, d'Andrieux, jouée par Lacave, Armand, Michelot, Michot, Baptiste cadet, Dublin; Mmes Pélicier, Mars.

6 octobre 1810.

Le Tartufe de mœurs, comédie en cinq actes, en vers, de Chéron, jouée par Damas, Armand, Lacave, Grandménil, Dublin; Mmes Leverd, Émilie Contat, Volnais.

L'Épreuve nouvelle, par Armand, Thénard, Michot; Mmes Thénard, Mars, Émilie Contat.

10 octobre 1810.

Œdipe, par Talma (*Œdipe*), et Mlle Raucourt (*Jocaste*).

Le Parleur contrarié; même distribution que le 2 août 1810, à Saint-Cloud.

13 octobre 1810.

LE MARIAGE DE FIGARO, par Thénard (*Figaro*),
Fleury (*le comte*), Devigny (*Bartholo*), Michot (*Antonio*), Lacave (*Basile*), Baptiste cadet (*Brid'oison*), etc.;
Mmes Leverd (*la comtesse*), Mars (*Suzanne*), Boissière (*Chérubin*), Thénard (*Marceline*), Bourgoin
(*Fanchette*).

15 octobre 1810.

ESTHER, par Talma, Lafon, Saint-Prix; Mmes Duchesnois, Bourgoin.

17 octobre 1810.

L'AMANT BOURRU, par Fleury, Damas, Desprez,
Michot, Thénard; Mmes Volnais, Mézeray.

LES FOLIES AMOUREUSES, comédie en trois actes,
en vers, de Regnard, jouée par Devigny, Thénard,
Armand; Mmes Mars, Devienne.

20 octobre 1810.

POLYEUCTE, par Talma (*Sévère*), Damas (*Polyeucte*);
Mlle Duchesnois (*Pauline*).

LES RIVAUX D'EUX-MÊMES, par Armand, Michelot,
Baptiste cadet; Mmes Devienne, Mézeray.

21 octobre 1810.

LES TROIS SULTANES, par Lafon, Baptiste cadet ;
Mmes Leverd, Mézeray, Maillard.

Cette représentation est accompagnée de chants
et de danses par les premiers sujets de l'Opéra.

24 octobre 1810.

LES FAUSSES CONFIDENCES, par Fleury, Thénard,
Grandménil, Michelot, Baptiste cadet, etc. ; Mmes Mars,
Thénard, Devienne.

LE RETOUR IMPRÉVU, par Grandménil, Fleury, Michelot, Lacave, Thénard, Baptiste cadet ; Mmes Bourgoin, Boissière, Devienne.

27 octobre 1810.

HORACE, par Saint-Prix, Talma, etc. ; Mlle Duchesnois.

CRISPIN RIVAL DE SON MAITRE, comédie en un acte,
en prose, de Lesage, jouée par Devigny (*Oronte*),
Lacave (*Orgon*), Thénard (*Crispin*), Michot (*Labran-
che*), Michelot (*Valère*) ; Mme Thénard (*Mme Oronte*),
Mlle Émilie Contat (*Lisette*), Mlle Boissière (*Angélique*).

31 octobre 1810.

LE DISTRAIT, comédie en cinq actes, en vers, de

Regnard, jouée par Saint-Fal (*Léandre*), Armand (*le chevalier*), Thénard (*Carlin*), Lacave (*Valère*); Mlles Mézeray (*Clarisse*), Mars (*Isabelle*), Mme Thénard (*Mme Grognat*), Mlle Devienne (*Lisette*).

Les Plaideurs, comédie en trois actes, en vers, de J. Racine, jouée par Baptiste cadet (*Dandin*), Thénard (*l'Intimé*), Michot (*Petit-Jean*), Armand (*Valère*), Grandménil (*Chicaneau*), Faure (*le souffleur*); Mme Thénard (*la comtesse de Pimbéche*), Mlle Boissière (*Isabelle*).

2 novembre 1810.

Rodogune, par Talma (*Antiochus*) et Mlle Raucourt (*Cléopâtre*).

Monsieur de Crac, comédie en un acte, en vers, de Collin d'Harleville, jouée par Thénard, Faure, Armand, Saint-Fal, Vanhove, Mlles Mars, Boissière.

On avait choisi les *Templiers;* mais Mlle Duchesnois étant malade, tout le personnel de la tragédie s'était transporté à Fontainebleau pour offrir à Sa Majesté le choix de la pièce qu'elle désirait. L'Empereur désigna *Rodogune*

7 novembre 1810.

Le Philinte de Molière, par Fleury, Damas, Baptiste aîné, Michot, Thénard, Lacave, Baptiste cadet; Mlle Mézeray.

L'Esprit de contradiction, par Lacave, Michelot,

Baptiste cadet, Michot, Salpêtre, Thénard; Mmes Thénard, Mars.

10 novembre 1810.

LES TEMPLIERS, par Saint-Prix, Lafon, Baptiste aîné, Desprez, Damas, Talma, Lacave, Michelot; Mlle Duchesnois.

LE BABILLARD, comédie en un acte, en vers, de Boissy, jouée par Saint-Fal, Michelot, Faure; Mmes Mézeray, Thénard, Pélicier, Bourgoin, Volnais, Boissière, Dartaux, Devienne.

14 novembre 1810.

LA FAUSSE AGNÈS, comédie en trois actes, en prose, de Destouches, jouée par Devigny (*le baron*), Thénard *Desmazures*), Armand (*Léandre*), Faure (*Lolive*), Baptiste cadet (*le président*), Lacave (*le comte*); Mmes Thénard (*la baronne*), Mézeray (*Angélique*), Pélicier (*la présidente*), Boissière (*la comtesse*).

LE CONTEUR, comédie en trois actes, en prose, de Picard, jouée par Devigny, Michelot, Armand, Baptiste cadet, Lacave, Faure, Vanhove, Thénard, Salpêtre; Mmes Mézeray, Boissière, Pélicier, Émilie Contat, Desbrosses.

THÉATRE-FRANÇAIS.

26 novembre 1810.

L'Empereur et l'Impératrice assistent à la repré-

10.

sentation de VENCESLAS et du BABILLARD. LL. MM. étant arrivées au moment où la première scène du premier acte de *Venceslas* finissait, le public a fait recommencer la pièce.

LES TUILERIES.

27 novembre 1810.

LES FAUSSES INFIDÉLITÉS, par Saint-Fal, Armand, Baptiste cadet; Mmes Leverd, Bourgoin.

THÉATRE-FRANÇAIS.

1er décembre 1810.

Spectacle gratis, la veille de l'anniversaire du couronnement de l'Empereur et de la bataille d'Austerlitz.

(ALZIRE. — CRISPIN RIVAL DE SON MAITRE.)

THÉATRE-FRANÇAIS.

3 décembre 1810.

L'Empereur et l'Impératrice assistent à la représentation des TROIS SULTANES, jouées par Desprez, Baptiste cadet; Mmes Leverd, Maillard et Gercy du théâtre de l'Opéra-Comique.

LES TUILERIES.

9 décembre 1810.

LE SOMNAMBULE, comédie en un acte, en prose, de Pont-de-Veyle, jouée par Saint-Fal, Devigny, Michelot, Thénard, Baptiste cadet; Mmes Thénard, Bourgoin.

LES TUILERIES.

18 décembre 1810.

SHAKSPEARE, comédie en un acte, en prose, d'Alexandre Duval, jouée par Talma (*Shakspeare*), Barbier; Mlle Mars et Mlle Émilie Contat.

LES TUILERIES.

3 janvier 1811.

LE JEU DE L'AMOUR ET DU HASARD, par Armand (*Dorante*), Thénard (*Pasquin*), Lacave, Michelot, Desprez; Mlle Mars (*Sylvia*), Mlle Émilie Contat (*Lisette*).

LES TUILERIES.

20 janvier 1811.

LA GAGEURE IMPRÉVUE, par Baptiste aîné (*M. de Clainville*), Damas (*Détienlette*) Baptiste cadet, Thénard, Desprez; Mlle Leverd (*Mme de Clainville*), Mmes Rose Dupuis, Devienne, Thénard.

LES TUILERIES.

31 janvier 1811.

LE SOURD, comédie en trois actes, en prose, de Desforges, jouée par Armand, Devigny, Baptiste cadet, Michelot, Thénard, Faure ; Mmes Bourgoin, Volnais, Devienne, Mars.

LES TUILERIES.

12 février 1811.

LE CONSENTEMENT FORCÉ, comédie en un acte, en prose, de Guyot de Merville, jouée par Grandménil, Lacave, Armand ; Mmes Mars et Devienne.

LES TUILERIES.

14 février 1811.

LES FAUSSES CONFIDENCES, par Damas (*Dorante*), Thénard (*Dubois*), Grandménil (*M. Rémy*), Baptiste cadet, Faure ; Mlle Mars (*Araminte*), Mmes Thénard, Devienne.

LES TUILERIES.

21 février 1811.

L'AVOCAT PATELIN, comédie en trois actes, en prose, de Bruéys, jouée par Thénard (*Patelin*), Grandménil (*M. Guillaume*), Lacave, Armand, Baptiste cadet, Faure; Mmes Thénard, Rose Dupuis, Émilie Contat.

LES TUILERIES.

5 mars 1811.

L'Abbé de l'Épée, drame en cinq actes, en prose, de Bouilly, jouée par Saint-Fal (*l'abbé de l'Épée*), Desprez, Damas, Devigny, Thénard, Lacave, Faure; Mmes Mars (*Théodore*), Thénard, Volnais, Pélicier.

LES TUILERIES.

12 mars 1811.

Mahomet II, tragédie en cinq actes de Baour-Lormian, jouée par Talma (*Mahomet*), Damas, Desprez; Mlle Duchesnois (*Zulima*), Mmes Volnais, Gros, Patrat.

THÉATRE-FRANÇAIS.

20 mars 1811.

Après la représentation du Bourru bienfaisant, qui termine le spectacle, Mlle Mars et M. Thénard viennent chanter trois couplets relatifs à la naissance du Roi de Rome, né le matin, à 9 heures 10 minutes.

SAINT-CLOUD.

25 avril 1811.

BAJAZET, avec Mlle Duchesnois dans le rôle de *Roxane*.

C'est la première représentation donnée à la cour depuis l'heureuse délivrance de l'Impératrice.

THÉATRE-FRANÇAIS.

8 juin 1811.

Spectacle gratis, la veille du baptême du Roi de Rome.

(ZAIRE. — LE BARBIER DE SÉVILLE.)

THÉATRE-FRANÇAIS.

9 juin 1811.

Relâche à cause des réjouissances publiques, motivées par le baptême du Roi de Rome, célébré le matin à Notre-Dame de Paris.

THÉATRE-FRANÇAIS.

16 juin 1811.

Relâche à cause des fêtes données par l'Empereur pour l'ouverture du Corps législatif.

SAINT-CLOUD.

27 juin 1811.

LES DEUX PAGES, par Fleury (*le roi*), Michot, Lacave, Devigny, Cartigny, Faure, Desprez ; Mmes Thénard, Patrat, Boissière, Duchesnois (*Théodore*), Rose
Dupuis, Leverd.

SAINT-CLOUD.

4 juillet 1811.

LA REVANCHE, par Fleury, Damas, Baptiste aîné,
Devigny, Michot, Michelot ; Mme Volnais, Émilie
Contat.

THÉATRE-FRANÇAIS.

14 août 1811.

Spectacle gratis, la veille de la fête de S. M. l'Empereur et Roi.

(LE PÈRE DE FAMILLE. — LE MARI RETROUVÉ.)

THÉATRE-FRANÇAIS.

15 août 1811.

Relâche le jour de la fête de l'Empereur.

TRIANON.

25 août 1811.

LES PROJETS DE MARIAGE, par Damas, Michot, Armand, Thénard et Mlle Mars.

COMPIÈGNE.

3 septembre 1811.

LE MENTEUR, par Armand (*Dorante*), Baptiste aîné (*Géronte*), Thénard (*Cliton*), Michelot, Lacave, Colson ; Mmes Mars, Rose Dupuis, Desbrosses, Émilie Contat.

COMPIÈGNE.

5 septembre 1811.

LES ÉTOURDIS, par Lacave, Armand, Michelot, Michot, Baptiste cadet, Vanhove ; Mmes Thénard et Mlle Mars.

COMPIÈGNE.

19 septembre 1811.

LE PARLEUR CONTRARIÉ, par Damas, Baptiste aîné, Thénard, Devigny, Baptiste cadet ; Mmes Mars, Demerson.

LES HÉRITIERS, par Devigny, Michot, Baptiste cadet, Armand, Lacave, Thénard ; Mmes Thénard, Mars.

21 septembre 1811.

Départ pour Bruxelles de Talma, Damas, Mlle Duchesnois et Mlle Bourgoin, d'après l'ordre donné par le maréchal Duroc, pour se trouver au passage de S. M. l'Impératrice dans cette ville.

SAINT-CLOUD.

14 novembre 1811.

Le Méchant, comédie en cinq actes, en vers, de Gresset, jouée par Fleury (*Cléon*), Devigny (*Géronte*), Armand (*Valère*), Desprez (*Ariste*), Thénard (*Frontin*); Mmes Mézeray (*Florine*), Mars (*Chloé*), Émilie Contat (*Lisette*).

SAINT-CLOUD.

21 novembre 1811.

Le Cid, par Baptiste aîné, Lafon et Mlle Bourgoin.

THÉATRE-FRANÇAIS.

1er décembre 1811.

Spectacle gratis, la veille de l'anniversaire du couronnement de l'Empereur.

(IPHIGÉNIE EN AULIDE. — LES PLAIDEURS.)

THÉATRE-FRANÇAIS.

2 décembre 1811.

Relâche à cause de l'anniversaire du couronnement.

THÉATRE-FRANÇAIS.

4 décembre 1811.

L'Empereur et l'Impératrice assistent à la représentation d'OEdipe, pour la rentrée de Talma.

LES TUILERIES.

12 décembre 1811.

L'École des Bourgeois, par Fleury (*marquis de Moncade*), Devigny, Michot, Armand, Faure, Lacave, Desprez, Baptiste cadet ; Mmes Thénard, Rose Dupuis, Devienne.

LES TUILERIES.

23 décembre 1811.

La Gageure imprévue, par Baptiste aîné (*M. de Clainville*), Fleury (*Détieulette*); Mlle Mars (*Mme de Clainville*).

LES TUILERIES.

2 janvier 1812.

Hector, par Talma, Lafon et Mlle Duchesnois.

LES TUILERIES.

6 janvier 1812.

La Revanche, par Fleury, Damas, Baptiste aîné, etc.

LES TUILERIES.

16 janvier 1812.

Les Étourdis, par les mêmes acteurs que le 12 septembre, à Compiègne.

LES TUILERIES.

27 janvier 1812.

La Jeunesse de Henri V, par Fleury (*Rochester*), Damas, Michot, Armand, Firmin, Mmes Mars, Rose Dupuis.

PALAIS DE L'ÉLYSÉE.

17 février 1812.

Le Sourd, mêmes acteurs que le 31 janvier 1811, aux Tuileries, à l'exception de Mmes Bourgoin et Volnais, qui sont remplacées par Mmes Boissière et Rose Dupuis.

L'ÉLYSÉE.

24 février 1812.

Le Distrait, par Saint-Fal (*Léandre*), Armand,

Lacave, Thénard, Cartigny; Mmes Mézeray, Mars, Devienne. Mme Thénard, qui joue le rôle de *Mme Grognac*, étant indisposée, est obligée de le laisser finir par Mlle Pélicier.

PALAIS DE L'ÉLYSÉE.

2 mars 1812.

Le Conteur, par Devigny, Baptiste cadet, Michelot, Armand, etc.; Mmes Thénard, Rose Dupuis, Mézeray, Émilie Contat, Devienne.

PALAIS DE L'ÉLYSÉE.

9 mars 1812.

La Fausse Agnès, par Devigny, Thénard, Cartigny, Armand, Baptiste cadet, Lacave; Mmes Thénard, Mars, Demerson, Boissière.

LES TUILERIES.

12 mars 1812.

Andromaque, par Talma; Mmes Duchesnois, Bourgoin, etc.

L'ÉLYSÉE.

30 mars 1812.

Le Joueur, par Fleury (*Valère*), Cartigny (*Hec-*

tor), Baptiste aîné, Thénard, Baptiste cadet, Beaulieu, Desprez, Firmin (*les quatre laquais*); Mmes Thénard, Mars, Émilie Contat, Demerson, Pélicier.

SAINT-CLOUD.

13 avril 1812.

L'Amant bourru, par Fleury, Armand, Michot; Mmes Volnais, Mars.

SAINT-CLOUD.

27 avril 1812.

Les Femmes savantes, par Fleury (*Clitandre*), Devigny (*Chrysale*), Lacave (*Ariste*), Michot (*Vadius*), Baptiste cadet (*Trissotin*), etc.; Mmes Mézeray (*Philaminte*), Mars (*Henriette*), Leverd (*Armande*), Thénard (*Bélise*), Émilie Contat (*Martine*).

SAINT-CLOUD.

6 août 1812.

Le Mariage secret, par St-Fal, Armand, Devigny, Lacave, Thénard; Mmes Leverd, Rose Dupuis.

THÉATRE-FRANÇAIS.

14 août 1812.

Spectacle gratis, la veille de la fête de S. M. l'Empereur et Roi.

(MITHRIDATE — LE TAMBOUR NOCTURNE.)

THÉATRE-FRANÇAIS.

15 août 1812.

Relâche le jour de la fête de l'Empereur.

SAINT-CLOUD.

27 août 1812.

L'ÉCOLE DES BOURGEOIS, par Fleury (*marquis de Moncade*).

SAINT-CLOUD.

24 septembre 1812.

LA JEUNESSE DE HENRI V, par Fleury, Michot, Armand, Thénard; Mmes Dupuis, Mars.

SAINT-CLOUD.

22 octobre 1812.

LES CHATEAUX EN ESPAGNE, par Armand, Lacave, Michelot, Thénard, Cartigny; Mmes Mars, Émilie Contat.

SAINT-CLOUD.

19 novembre 1812.

La Revanche, par Fleury, Damas, Baptiste aîné, Devigny, Michelot, Michot; Mmes Volnais, Émilie Contat.

THÉATRE-FRANÇAIS.

5 décembre 1812.

Spectacle gratis en l'honneur de l'anniversaire du couronnement de l'Empereur et de la bataille d'Austerlitz.

(TURCARET. — LE JEU DE L'AMOUR.)

LES TUILERIES.

17 décembre 1812.

Les Dehors trompeurs, comédie en cinq actes, en vers, de Boissy, jouée par Fleury, Armand, Devigny, Thénard; Mmes Leverd, Mézeray, Mars, Émilie Contat.

LES TUILERIES.

4 janvier 1813.

L'École des Bourgeois, par Fleury (*marquis de Moncade*).

THÉATRE-FRANÇAIS.

9 janvier 1813.

L'Empereur et l'Impératrice assistent à la représentation d'HECTOR, par Talma et Mlle Duchesnois.

LES TUILERIES.

18 janvier 1813.

AVIS AUX MÈRES OU LES DEUX FÊTES, comédie en un acte, en vers, de Dupaty, jouée par Fleury, Armand, Thénard, Baptiste cadet; Mmes Leverd, Mézeray, Mars, Émilie Contat.

LES TUILERIES.

4 février 1813.

TIPPO-SAEB, tragédie en cinq actes, de Jouy, jouée par Talma (*Tippo-Saëb*); Mlle Bourgoin (*Aldéis*), etc.

LES TUILERIES.

15 février 1813.

LE TARTUFE, par Fleury (*Tartufe*), Devigny (*Orgon*), Armand (*Valère*), Michelot (*Damis*), Lacave (*Cléante*), Baptiste cadet (*Loyal*), Thénard (*l'exempt*), Mme Thénard (*Mme Pernelle*), Mlle Mars

(*Elmire*), Mlle Bourgoin (*Marianne*), Mlle Émilie Contat (*Dorine*).

LES TUILERIES.

1er mars 1813.

LES HÉRITIERS, par Devigny, Michot, Baptiste cadet, etc.; Mmes Thénard, Mars.

LE PARLEUR CONTRARIÉ, par Damas, Baptiste aîné, etc. ; Mmes Mars, Demerson.

LES TUILERIES.

25 mars 1813.

CINNA, par Talma, Saint-Prix, Mlle Duchesnois, etc.

L'ÉLYSÉE.

29 mars 1813.

L'INTRIGANTE, comédie en cinq actes, en vers, de M. Étienne, jouée par Fleury, Michelot, Baptiste cadet, Damas, Michot, Cartigny; Mmes Leverd, Mézeray, Mars.

L'ÉLYSÉE.

5 avril 1813.

LE MISANTHROPE, par Fleury (*Alceste*), Lacave (*Philinte*), Desprez (*Oronte*), Armand (*Acaste*), Michelot (*Clitandre*), Thénard (*Dubois*), Vanhove

11.

(*l'exempt*), Faure (*Basque*); Mmes Mars (*Célimène*), Volnais (*Éliante*), Thénard (*Arsinoé*).

SAINT-CLOUD.

19 avril 1813.

La Suite d'un Bal masqué, comédie en un acte, en prose, de Mme de Bawr, jouée par Armand, Michelot, Faure ; Mmes Mars, Leverd, Émilie Contat.

SAINT-CLOUD.

3 mai 1813.

La Jeunesse de Henri V, par Fleury, Damas, Michot, Armand, Thénard ; Mmes Mars, Bourgoin.

SAINT-CLOUD.

10 mai 1813.

Les Étourdis, par Mlle Mars, Armand , Baptiste cadet, Michelot, etc.

THÉATRE-FRANÇAIS.

22 mai 1813.

Spectacle gratis en réjouissance de la bataille de Lutzen, gagnée par l'armée française commandée par l'Empereur en personne :

(GASTON ET BAYARD. — LES FOURBERIES DE SCAPIN).

THÉATRE-FRANÇAIS.

23 mai 1813.

Relâche à cause du *Te Deum* chanté à Notre-Dame pour le même motif.

SAINT-CLOUD.

31 mai 1813.

L'Intrigue épistolaire, par Armand, Baptiste cadet et Mlle Mars.

THÉATRE-FRANÇAIS.

13 juin 1813.

Spectacle gratis, en réjouissance de la victoire remportée par l'Empereur à Wurtschen, à la suite de laquelle a été signé un armistice :

(LES FEMMES SAVANTES. — LES HÉRITIERS).

THÉATRE-FRANÇAIS.

14 juin 1813.

Relâche pour le même motif.

VOYAGE A DRESDE.

13 juin 1813.

Une grande partie de la Comédie, par ordre de l'Empereur, part pour se rendre à Dresde et y jouer pendant le temps que doit durer l'armistice. Les artistes désignés sont : Fleury, Saint-Prix, Saint-Fal, Talma, Michot, Baptiste cadet, Armand, Desprez, Thénard, Devigny, Michelot, Barbier; Mmes Thénard, Émilie Contat, Mézeray, Mars, Bourgoin; Colson, chef des gardes.

THÉATRE-FRANÇAIS.

14 août 1813.

Spectacle gratis, la veille de la fête de l'Empereur.

(LE TARTUFE. — LES FOURBERIES DE SCAPIN).

THÉATRE-FRANÇAIS.

15 août 1813.

Relâche à cause de la fête de l'Empereur.

24 août 1813.

Retour à Paris des acteurs partis pour Dresde.

SAINT-CLOUD.

9 septembre 1813.

La Suite d'un Bal masqué. Même distribution que le 19 avril.

SAINT-CLOUD.

23 septembre 1813.

Les Fausses Confidences, par Armand (*Dorante*), Thénard (*Dubois*), Devigny (*M. Rémy*), Michelot (*le comte*), Baptiste cadet (*Lubin*); Mlle Mars (*Araminte*), Mme Thénard (*Mme Argante*), Émilie Contat (*Marton*).

SAINT-CLOUD.

14 octobre 1813.

La Nièce supposée, comédie en trois actes, en vers, de Planard, jouée par Fleury, Armand, Michelot, Baptiste cadet, Thénard; Mmes Thénard, Mars, Bourgoin.

THÉATRE-FRANÇAIS.

4 décembre 1813.

Spectacle gratis pour l'anniversaire du couronnement de l'Empereur.

(ZAIRE. — CRISPIN MÉDECIN).

LES TUILERIES.

5 décembre 1813.

Ninus II, tragédie en cinq actes de Brifaut, jouée par Talma (*Ninus*), Baptiste aîné, Desmousseaux, Dumilâtre, Valmore, Firmin ; Mmes Duchesnois (*Elzire*), Bourgoin.

LES TUILERIES.

13 avril 1815.

La Nièce supposée, par Fleury, Armand, Michelot, Baptiste cadet, Thénard ; Mmes Thénard, Mars, Bourgoin.

Première représentation donnée à la cour depuis le retour de l'Empereur.

THÉATRE-FRANÇAIS.

21 avril 1815.

L'Empereur assiste à la représentation d'Hector, par Talma et Mlle Duchesnois.

C'est la première fois que S. M. vient au théâtre depuis son retour.

L'ÉLYSÉE.

4 mai 1815.

La Suite d'un Bal masqué, par Armand, Michelot, Thénard ; Mmes Leverd, Mars, Demerson.

THÉATRE-FRANÇAIS.

31 mai 1815.

Spectacle gratis à l'occasion de l'acceptation de la Constitution au Champ de Mai.

(MARIUS A MINTURNES. — LE BARBIER DE SÉVILLE).

THÉATRE-FRANÇAIS.

1er juin 1815.

Relâche à cause de la fête de la Constitution.

THÉATRE-FRANÇAIS.

4 juin 1815.

Relâche pour le même motif.

LISTE GÉNÉRALE

DE

TOUTES LES ŒUVRES DRAMATIQUES

DU RÉPERTOIRE DE LA COMÉDIE FRANÇAISE,

Représentées à la Cour impériale, dans les résidences de Saint-Cloud,
de Fontainebleau, des Tuileries, de la Malmaison,
de Compiègne, de Trianon et de l'Élysée.

———◦○◦———

Tragédies.

Agamemnon.

Andromaque.

Artaxerce.

Athalie.

Bajazet.

Bérénice.

Britannicus.

Brutus.

Cid (le).

Cinna.

Comte d'Essex (le).

Coriolan.

Électre.

Esther.

États de Blois (les).

Hector

Héraclius.

Horace.

Iphigénie en Aulide.

Iphigénie en Tauride.

Mahomet.

Mahomet II.

Manlius.

Mithridate.

Mort de César (la).

Mort de Henri IV (la).

Mort de Pompée (la).

Nicomède.

Ninus II.

OEdipe.

Omasis.

Oreste.

Othello.

Phèdre.

Philoctète.

Polyeucte.

Rhadamiste et Zénobie

Rodogune.

Rome sauvée.

Sertorius.

Templiers (les).
Tippo-Saëb.
Venceslas.

Vénitiens (les).
Zaïre.

Comédies.

Abbé de l'Épée (l').
Amant bourru (l').
Amour et la Raison (l').
Assemblée de famille (l').
Avare (l').
Aveugle clairvoyant (l').
Avocat Patelin (l').
Barbier de Séville (le).
Babillard (le).
Bourru bienfaisant (le).
Brueis et Palaprat.
Caroline ou le Tableau.
Cercle (le).
Châteaux en Espagne (les).
Consentement forcé (le).
Conteur (le).
Crispin rival de son maître.
Deux Fêtes (les).
Deux Gendres (les).
Deux Pages (les).
Distrait (le).
École des Bourgeois (l').
Épreuve nouvelle (l').
Esprit de contradiction (l').
Ésope à la cour.
Étourdis (les).
Fausse Agnès (la).
Fausses Confidences (les).
Fausses Infidélités (les).
Femmes savantes (les).
Festin de Pierre (le).
Florentin (le).

Folies amoureuses (les).
Gageure imprévue (la).
Héritiers (les)
Heureusement.
Heureuse Erreur (l').
Homme du jour (l').
Inconstant (l').
Intrigue épistolaire (l').
Intrigante (l').
Jeu de l'Amour et du Hasard (le).
Jeunesse de Henri V (la).
Joueur (le).
Legs (le).
Mariage de Figaro (le).
Mariage secret (le).
Méchant (le).
Menteur (le).
Mère jalouse (la).
Métromanie (la).
Minuit.
Misanthrope (le).
Molière avec ses amis.
Monsieur de Crac.
Nièce supposée (la).
Optimiste (l').
Original (l').
Originaux (les).
Parleur contrarié (le).
Philinte de Molière (le).
Philosophe sans le savoir (le).
Plaideurs (les).
Précepteurs (les).

Procureur arbitre (le).

Projets de mariage (les).

Pupille (la).

Retour imprévu (le).

Revanche (la).

Rivaux d'eux-mêmes (les).

Secret du ménage (le).

Shakspeare.

Somnambule (le).

Sourd (le).

Suite d'un bal masqué (la).

Tartufe (le).

Tartufe de mœurs (le).

Trois Sultanes (les).

Tyran domestique (le).

TRAGÉDIES...... 45

COMÉDIES....... 79

            ———

Total.... 124

LA
LITTÉRATURE DRAMATIQUE

SOUS L'EMPIRE.

Il faut l'avouer une fois de plus, la littérature dramatique du commencement de ce siècle ne fut nul-
lement empreinte d'un caractère de supériorité. Les
grands hommes fondent les grandes institutions,
mais ils ne donnent pas le génie à qui ne le possède
pas. Tout ce qu'ils peuvent faire, c'est d'en favori-
ser l'essor, d'encourager le talent et de l'honorer, et
Napoléon n'y manqua pas. L'Empereur était d'une
munificence prodigue, et ce n'est pas sa faute si
les poëtes de son temps n'ont pas enfanté des chefs-
d'œuvre. Avec toute une organisation à refaire
d'une société bouleversée par les révolutions et notre lutte homérique avec l'Europe, le théâtre devait
pâlir et s'effacer. Les hommes de tête et de hautes
conceptions étaient dans la magistrature, au conseil
d'État ou aux armées, et l'art dramatique n'avait
guère pour soutien que des intelligences de second

ordre. Aujourd'hui que la postérité est venue pour cette époque, on peut hardiment signaler le fait.

Mais l'Empereur Napoléon ne l'entendait pas ainsi. Il aurait voulu que rien ne manquât à l'illustration de son règne, et pour féconder l'imagination des auteurs, il avait, dès 1804, fondé les grands prix de 10,000 francs et de 5,000 francs à décerner au meilleur ouvrage dramatique, soit comédie, soit tragédie, représenté sur le Théâtre-Français. La première distribution de ces prix ayant eu lieu en 1810, il nous semble que, pour donner une idée de la portée des ouvrages dramatiques représentés antérieurement, nous ne pouvons mieux faire que de rendre d'une manière succincte l'expression de la décision du jury, qui était composé d'un certain nombre de membres de l'Institut.

Voyons d'abord pour la tragédie.

Étéocle et Polynice de Legouvé, ayant eu dix représentations. On y trouve des situations dramatiques, un bon goût de style ; mais le sujet est peu favorable, l'intérêt faible, l'effet triste.

Les Templiers de Raynouard, le plus grand succès obtenu ; trente-cinq représentations consécutives et toujours reprises avec honneur. Le sujet, qui est puisé dans l'histoire de France, le caractère du grand maître, si noble, si imposant ; le rôle du jeune Marigny, d'une très-heureuse conception, un style pur et élégant, plaident en faveur de cet ouvrage. On y voudrait cependant plus d'abandon et de variété, plus de mouvement dans le dialogue.

La Mort de Henri IV de Legouvé, quatorze représentations. L'intérêt y est plus naturel, plus doux, plus national que l'action des *Templiers*. Le style est pur, facile, harmonieux sans efforts; on y voudrait plus de force, de grandeur, et le dénoûment manque d'effet pathétique.

Omasis de Baour-Lormian, vingt et une représentations. C'est l'histoire de Joseph racontée avec des sentiments aimables et touchants, et quelques situations très-dramatiques. Mais il y a peu d'invention dans le plan, le style manque d'énergie, et on croit plutôt entendre une idylle qu'une pièce de théâtre.

Pyrrhus de Lehoc, sept représentations. L'action en est trop tissue, elle manque d'intérêt et de vraisemblance.

Artaxerce de Delrieu, vingt-quatre représentations; succès brillant. L'idée fondamentale de la pièce est empruntée à Métastase, et Delrieu y a été plus heureux que Lemierre. L'ouvrage se distingue par une situation forte et neuve, mais peu habilement préparée. Le dénoûment a l'inconvénient de rappeler celui de *Rodogune*, et le style, assez noble, manque de couleur et de précision.

Donc les *Templiers* obtinrent le prix.

Nous allons voir maintenant que les poëtes comiques étaient moins bien inspirés que les tragiques. Écoutons le jury :

Mathilde, comédie en cinq actes, en prose; quinze représentations. C'est un genre qui n'a pas besoin d'être encouragé.

Les Deux Frères, copie d'un ouvrage étranger.

Les Précepteurs, cinq actes en vers, de Fabre d'Églantine; vingt-cinq représentations. Il y a de l'originalité dans l'intrigue, mais le tout manque de caractère et de style.

L'Abbé de l'Épée, cinq actes en prose, de Bouilly; trente-six représentations. C'est plutôt un roman qu'une pièce.

Les Mœurs du jour, cinq actes, en vers, de Collin d'Harleville; seize représentations. L'exécution est trop au-dessous du sujet et du talent de l'auteur.

Le Tyran domestique, cinq actes, en vers, d'Alexandre Duval; quatorze représentations. Le caractère du principal personnage est fortement conçu; il y a de la vérité dans la peinture des mœurs, de l'art dans la conduite de la pièce; malheureusement l'intrigue s'affaiblit en se développant, le style est négligé et la versification peu soignée.

L'Assemblée de famille, cinq actes, en vers, de Riboutté; trente-neuf représentations. Tableau de mœurs où il entre de la vérité et de l'intérêt, mais où on ne rencontre ni originalité d'idées, ni verve comique.

Le jury ajoute que la comédie est la plus digne de fixer l'attention du gouvernement ; qu'elle a plus besoin que la tragédie d'être ramenée aux vrais principes de l'art, et que les poëtes comiques sont plus loin de Molière que les tragiques de Racine et de Voltaire (le rapport ne parle pas de Corneille); enfin, qu'en général les auteurs comiques se signalent par l'absence du style et du travail patient.

En conséquence, la comédie n'eut pas de prix.

Pour nous résumer, voici le bilan dramatique de 1803 à 1815. Nous nous bornons à une simple nomenclature, la plupart des ouvrages dont nous donnons la liste étant aujourd'hui complétement oubliés. On pourra se convaincre de l'indépendance et de la sévérité du public d'alors, qui enregistrait plus de chutes que de succès.

5 mars 1803. — *Le Roman d'une heure*, comédie en un acte, en prose, d'Hoffmann. — Représentation unique.

30 mars 1803. — *Le Veuf amoureux*. — Succès.

17 mai 1803. — *Les Militaires*, fait historique, trois actes, en prose, de Favières. — Succès.

23 juillet 1803. — *Le Tasse*, de Cicile. — Chute.

10 novembre 1803. — *La Botte volée*, de Longchamps. — Chute très-prononcée.

29 novembre 1803. — *La Dédaigneuse*, de Duret. — Chute complète ; quatre représentations.

1er janvier 1804. — *Shakspeare amoureux*, d'Alexandre Duval. — Chute ; douze représentations.

13 janvier 1804. — *Polyxène*, tragédie en trois actes, d'Aignan. — Chute épouvantable; quatre représentations

3 février 1804. — *Guillaume le Conquérant*, drame en cinq actes, en prose, d'Alexandre Duval. — Représentation unique.

11 avril 1804.—*La Fausse Honte*, comédie en cinq actes, en vers, de Longchamps. — Chute; trois représentations.

19 mai 1804. — *Pierre le Grand*, tragédie en cinq actes de Carrion de Nisas. —Chute complète.

5 juillet 1804. — *Molière avec ses amis*, comédie en un acte, en vers, d'Andrieux. — Succès.

5 novembre 1804. — *La Leçon conjugale*, comédie en trois actes, en vers, de Chazet et Sewrin. — Succès.

8 décembre 1804. — *Cyrus*, tragédie en cinq actes de Chénier. — Chute.

16 février 1805. — *Le Tyran domestique*, d'Alexandre Duval. — Succès contesté à la 1re représentation.

4 avril 1805. — *Le Tartufe de mœurs*, comédie de Chéron. — Succès.

14 mai 1805. — *Les Templiers*, de Raynouard. — Grand succès.

6 juin 1805. — *Madame de Sévigné*, comédie en trois actes, en prose, de Bouilly — Chute complète; se relève à la deuxième représentation.

9 août 1805. — *Astyanax*, tragédie en trois actes de M. Alma. — Chute complète.

10 septembre 1805. — *Amélie Mansfield*, drame en cinq actes, en prose, de Bellin. — Chute complète.

1er février 1806. — *Les Français dans le Tyrol*, comédie de Bouilly. — Demi-succès.

26 février 1806. — *Le Politique en défaut*, comédie de Chazet.— Demi-succès.

12 mars 1806. — *L'Avocat*, comédie en trois actes, en vers, de Roger. — Succès mérité.

21 mars 1806. — *Antiochus Épiphane*, tragédie en cinq actes, de Chevalier. — Chute complète.

9 juin 1806. — *La Jeunesse de Henri V*, comédie en trois actes, en prose, d'Alexandre Duval. — Beaucoup de succès.

25 juin 1806. — *La Mort de Henri IV*, de Legouvé. — Beaucoup de succès.

30 juillet 1806. — *La Capricieuse*, comédie en un acte, en vers, d'Hoffmann. — Chute; se relève à la deuxième représentation.

13 septembre 1806. — *Omasis*, de Baour-Lormian. — Grand succès.

26 novembre 1806. — *Les Faux Somnambules*, comédie en un acte, en vers, de Révéroni de Saint-Cyr. —Chute très-complète.

9 décembre 1806. — *Octavie*, tragédie en cinq actes, de Souriguère. — Chute très-complète.

3 janvier 1807. — *Le Parleur contrarié*, comédie de Delaunay. — Succès.

27 février 1807. — *Pyrrhus*, tragédie en cinq actes de Lehoc. — Chute.

12 juin 1807. — *Les Projets d'enlèvement*, comédie en un acte, en vers, de Th. Pein. — Représentation unique.

27 juin 1807. — *La Mort de Duguesclin*, drame en trois actes, en vers, de Dorvo. — Tombé.

28 novembre. — *Brueis et Palaprat*, comédie en un acte, en vers, d'Étienne. — Succès.

12 décembre 1807. — *Le Paravent*, comédie en un acte de Planard. — Demi-succès.

20 janvier 1808. — *Plaute ou la Comédie latine*, trois actes en vers, de Lemercier. — Mal accueillie.

26 février 1808. — *L'Assemblée de famille*, de Riboutté. — Grand succès.

13 avril 1808. — *L'Homme aux convenances*, un acte, en vers, de Jouy. — Deux représentations.

30 avril 1808. — *Artaxerce*, de Delrieu. — Grand succès. (L'Empereur accorde à l'auteur une pension de 2,000 francs.)

29 octobre 1808. — *La Suite du Menteur*, arrangée par Andrieux. — Mauvais travail.

14 décembre 1808. — *Louise ou la Réconciliation*, drame en cinq actes, en prose, de Mme Simon Candeille. — Chute.

1er février 1809. — *Hector*, tragédie en cinq actes, de Luce de Lancival. — Grand succès. (L'Empereur accorde à l'auteur une pension de 6,000 francs.)

21 février 1809. — *La Fontaine chez Fouquet*, un acte, en prose, de Dumolard. — Chute.

13 avril 1809. — *Le Chevalier d'industrie*, comédie en cinq actes, en vers, d'Alexandre Duval. — Demi-succès.

25 mai 1809. — *Le Secret du ménage*, comédie en trois actes, en vers, de Creuzé de Lesser. — Succès.

7 juin 1809. — *Les Capitulations de conscience*, cinq actes, en vers, de Picard. — La pièce n'est pas achevée.

15 juillet 1809. — *La Revanche*, trois actes, en prose, de Roger et Creuzé. — Succès.

10 novembre 1809. — *Vitellie*, tragédie en cinq actes de Selve.
— Chute.

6 décembre 1809. — *L'Enthousiaste*, cinq actes, en vers, de
Valmalette. — Pas de succès.

29 janvier 1810. — *Le Prisonnier en voyage*, trois actes, en vers,
de Delaunay. — Pas de succès.

24 février 1810. — *Brunehaut*, tragédie en cinq actes d'Aignan.
— Demi-succès.

6 juin 1810. — *Le Vieux Fat*, comédie en cinq actes, en vers,
d'Andrieux. — Succès contesté.

11 août 1810. — *Les Deux Gendres*, comédie en cinq actes, en
vers, d'Étienne. — Très-grand succès (1).

16 janvier 1811. — *Un Lendemain de fortune*, un acte, en prose,
de Picard. — Succès contesté.

20 février 1811. — *Les Jeunes Amis*, comédie en trois actes, en
prose, de Souque. — N'est pas achevée.

9 mars 1811. — *Mahomet II*, tragédie en cinq actes, de Baour-
Lormian. — Retirée à la septième représentation.

(1) On sait la polémique ardente que souleva l'apparition des
Deux Gendres. M. Étienne fut accusé de s'être servi d'un manuscrit
de *Conaxa*, ou plutôt de ne pas être l'auteur réel de sa comédie. La
lutte fut très-vive, au Théâtre, dans la presse et dans les salons, et
nous connaissons une très-curieuse collection de plus de trente brochures, plus ou moins spirituelles, publiées pour ou contre l'auteur
des *Deux Gendres*. A cette époque, les nouveautés littéraires qui
avaient quelque importance étaient de véritables événements. Pour
la curiosité de nos lecteurs, nous leur donnons ici une liste de
quelques-unes de ces brochures les plus remarquées :

1. Épître à l'auteur des *Deux Gendres* sur la préface de la 4e édi-
tion de sa comédie.

2. Critique raisonnée de la comédie des *Deux Gendres*, précédée
d'un examen de la préface supprimée de cette pièce et de réflexions
sur l'avis des frères Michaud, éditeurs de *Conaxa*, suivie de l'errata
de la préface de M. Étienne, à l'usage des personnes qui en ont des
exemplaires.

3. Appel à l'impartialité dans le procès intenté à l'auteur des
Deux Gendres.

4. Petite Lettre sur un grand sujet.

5. Mes Révélations sur M. Étienne, les *Deux Gendres* et *Conaxa*,
par Lebrun-Tossa.

6. Lettre d'Alexis Piron à M. Étienne, académicien, ou Examen

25 mars 1811. — *L'Heureuse Gageure,* divertissement de Désaugiers, pièce de circonstance.

22 avril 1811. — *La Femme misanthrope*, comédie en trois actes, en vers. — Chute.

19 septembre 1811. — *La Manie de l'indépendance*, comédie en cinq actes, en vers, de Creuzé de Lesser. — N'est pas achevée.

critique de la comédie de *Conaxa,* revue, corrigée, augmentée, et mise au Théâtre par M. Étienne.

7. Épitre sur la comédie des *Deux Gendres,* par Raoul.

8. Le Fauteuil de M. Étienne, ouvrage presque académique, par Cholet de Jetphort.

9. Le Martyre de Saint-Étienne, par Violet.

10. Histoire abrégée d'un jeune homme persécuté, ou les inconvénients de la gloire et des amis, pot-pourri en manière de vers, par Gosinet.

11. Chanson de Désaugiers, ou Petite Histoire d'un auteur vaniteux.

12. Lettre à M. Étienne par un habitant de Bar-sur-Ornain, suivie du Rêve, ou la Dernière Apparition de M. Étienne, par Doublat.

13. Le Secret de M. Lebrun-Tossa, ou Lettre à l'auteur de Mes Révélations.

14. Lettre de Nicolas Boileau à M. Étienne, en lui envoyant sa 7e Épitre à Racine, sur le profit à tirer des critiques.

15. Lettre d'un habitant de Versailles à l'auteur de la Réponse de M. Hoffmann.

16. L'Étiennéide, poëme épico-satirique en deux chants, par Ruthiger.

17. Vives escarmouches avec M. Hoffmann.

18. Apologie de l'auteur des *Deux Gendres,* dialogue entre ma muse et moi.

19. L'auteur des *Deux Gendres* pris en flagrant délit, par Delpech.

20. Coup d'œil impartial sur les *Deux Gendres,* par Tiepler.

21. Observations sur le jeune homme qui a écrit la comédie des *Deux Gendres,* par Lemaître.

22. Nouveaux éclaircissements en forme de conversation sur *Conaxa* et les *Deux Gendres.*

23. La Stéphanéide, ou *Conaxa,* les *Deux Gendres* et le *Journal de Paris.*

24. Réponse à M. Hoffmann, ou Dernier Examen du procès intenté par le public à M. Étienne.

25. Bataille gagnée et perdue, tant tués que blessés, personne de

3 octobre 1811. — *Les Pères créanciers*, comédie en un acte, en vers, de Planard. — Représentation unique.

13 décembre 1811. — *L'Auteur et la critique*, comédie en un acte, en vers, de Chéron. — Succès.

30 décembre 1811. — *Annibal*, tragédie en trois actes, de Normandie. — Représentation unique.

26 février 1812. — *Le Ministre anglais*, comédie en cinq actes, en vers, de Riboutté. — Cinq représentations; luttes au parterre.

24 avril 1812. — *Mascarille ou la Sœur supposée*, comédie en cinq actes, en vers, de Charles Maurice. — Pièce de Rotrou refaite; une seule représentation.

13 octobre 1812. — *La Lecture de Clarisse*, comédie en un acte, en prose, de Roger. — Représentation unique.

17 novembre 1812. — *L'Indécis*, comédie en un acte, en vers, de Charbonnière. — Succès.

14 janvier 1813. — *Avis aux mères*, comédie en un acte, en vers, d'Emman. Dupaty. — Demi-succès.

27 janvier 1813. — *Tippo-Saëb*, tragédie en cinq actes de Jouy. — Succès.

6 mars 1813. — *L'Intrigante*, comédie d'Étienne. — Succès.

9 avril 1813. — *La Suite d'un bal masqué*, comédie en un acte, en prose, de Mme de Bawr. — Grand succès.

mort, ou Réflexions impartiales, spirituelles et piquantes sur les *Deux Gendres* et *Conaxa*, par Mordax.

26. Les Gouttes d'Hoffmann, à l'usage des journalistes petits-maîtres, ou suite provisoire de la Stéphanéide, par Bouvet.

27. *Conaxa* et les *Deux Gendres*, ou Résumé des débats, servant de réponse à M. Hoffmann, défenseur officieux de M. Étienne, par Desquison de Saint-Agnan.

28. Histoire de Jean Conaxa, riche marchand d'Anvers, suivie du parallèle de *Conaxa*, des *Deux Gendres*, des *Fils ingrats* et du *Roi Lear*.

29. Fin du procès des *Deux Gendres*, par Hoffmann.

En est-ce assez? et tout cela dans la seule année de 1812, au moment des plus grandes préoccupations politiques. Au bout du compte, c'était encore mieux que l'indifférence littéraire dont nous jouissons.

19 avril 1813. — *Ninus II*, tragédie en cinq actes, de Brifaut. — Demi-succès.

22 septembre 1813. — *La Nièce supposée*, comédie en prose, de Planard. — Succès.

17 mars 1814. — *La Rançon de Duguesclin*, tragédie en cinq actes, d'Arnault. — Une représentation.

26 avril 1815. — *Racine et Cavoie*, comédie d'Étienne. — Une représentation pendant les CENT JOURS.

Total, 75 pièces nouvelles dans l'espace d'une douzaine d'années, et dont un très-petit nombre, parmi celles qui ont réussi, pourraient être reprises honorablement. Trois ou quatre seulement sont restées au répertoire courant.

La Comédie française, que l'ère impériale fit si grande, était donc surtout un théâtre d'exécution. Mais quelle exécution ! Quelle perfection dans l'interprétation de nos chefs-d'œuvre impérissables. On peut dire que jamais le répertoire du premier, du second et du troisième ordre n'a été mieux représenté. La Comédie française possédait une réunion incomparable de talents illustres ; mais Napoléon pensait à l'avenir, et, dès le 3 mars 1806, il créait, au Conservatoire de musique, une classe de déclamation en désignant comme professeurs Dugazon, Monvel, Fleury, Dazincourt, Talma et Lafon.

Ce n'était donc pas essentiellement les pièces nouvelles qui attiraient la foule au Théâtre-Français ; c'étaient Molière, Corneille, Racine, Marivaux, Regnard, Destouches, Beaumarchais et tous nos maîtres interprétés par Fleury, Saint-Prix, Saint-

Fal, Talma, Michot, les deux Baptiste, Damas, Armand, Lafon, Thénard, Devigny, Michelot; Mmes Raucourt, Thénard, Contat, Mézeray, Desbrosses, Mars, Bourgoin, Volnais, Duchesnois, Leverd, Dupuis, Demerson, etc.; ce qui n'empêchait pas les pièces nouvelles de concourir à la prospérité générale. Bonnes ou mauvaises, elles piquaient la curiosité, il fallait les connaître et les juger. On ne remplissait pas alors la salle d'un public ami, et les premières représentations étaient très-fructueuses. La *Mort de Henri IV* a fait le premier jour 5,608 fr.; le *Tyran domestique*, 3,825 fr.; les *Templiers*, 5,075 fr.; et les vingt premières représentations de cet ouvrage 74,074 fr.; les *Deux Gendres*, 4,116 fr.; et les vingt premières représentations 77,229 fr. Il est vrai que, lorsqu'une pièce tombait, on ne persistait pas à la jouer en l'absence du public, et en dépit de la recette, on passait à une autre nouveauté, ou l'on revenait à l'ancien répertoire immédiatement.

En 1804, année du couronnement, le Théâtre-Français a encaissé 559,671 fr., dont 111,494 fr. de location. — En 1808, 666,798 fr., dont 120,329 francs de location. — En 1810, 781,800 fr., dont 133,152 fr. de location. En général, la moyenne de chaque année était de 5 à 600,000 fr.

Les auteurs modernes recevaient en moyenne 10,000 fr. par an. Le droit des pauvres était du onzième de la recette brute. Les artistes sociétaires n'avaient pas tous droit à la part entière : ils étaient classés par catégories de part, trois quarts de part, une demi-part et un quart de part. Les pensionnaires peu rétribués ne grevaient pas le budget ; cinq ou six suffisaient dans des emplois subalternes. Pour rester au Théâtre-Français, il fallait être Sociétaire de toute nécessité.

Il est vrai que l'Empereur récompensait dignement et royalement. Les grands talents recevaient des subventions particulières sur sa cassette, et le service de la cour était largement payé.

Nous avons constaté qu'un séjour de quelques jours à Saint-Cloud a coûté 29,000 fr., un autre à Fontainebleau 24,300 fr. Le voyage d'Erfurt a occasionné une dépense de 25,920 fr., sans compter les gratifications aux artistes ; de 1810 à 1811, après le mariage de l'Impératrice Marie-Louise, la cour impériale a dépensé plus de cent mille francs, rien que pour les spectacles donnés par le Théâtre-Français. Mais voici qui est encore explicite.

C'est une lettre de l'Empereur adressée au comte de Rémusat.

« Dresde, 12 août 1813.

« Je vous envoie un état des gratifications que j'accorde
« aux acteurs de la Comédie française qui ont fait le voyage
« de Dresde ; cet état monte à la somme de 111,500 francs.
« Vous ferez solder ces gratifications par la caisse des
« théâtres. »

Gratifications accordées aux comédiens français qui ont fait le voyage de Dresde.

Desprez	6,000	Mlle Thénard	4,000
Saint-Prix	6,000	Mlle Émilie Contat	6,000
Talma	8,000	Mlle Mézeray	4,000
Mlle Georges	8,000	Mlle Mars	10,000
Fleury	10,000	Mlle Bourgoin	6,000
Saint-Fal	6,000	M. Maignien	2,000
Michot	4,000	Les frères Frechot	1,500
Baptiste cadet	6,000	Colson	500
Armand	6,000	Combre	500
Thénard	4,000	Bouillon	500
Vigny	6,000	Mongellas	500
Michelot	4,000	Ces derniers figurants, souffleur	
Barbier	3,000	et perruquier.	

Enfin, à ce document d'un si grand intérêt, nous pouvons joindre cette seconde lettre de l'Empereur adressée au général Drouot :

« Dresde, 12 août 1813.

« J'approuve que vous fassiez payer aux comédiens fran-
« çais les 42,800 francs auxquels vous évaluez leurs frais de
« retour ; ces frais de voyage doivent leur être payés ici
« avant leur départ. »

L'Empereur entendait que tous les membres de sa famille et les grands dignitaires de la couronne eussent leur loge au Théâtre-Français. Lui-même donnait l'exemple, en payant sa loge 21,000 fr. ; la reine Hortense, pour la sienne, 3,280 fr. ; S. A. l'archichancelier, 5,280 fr.; le prince de Neufchâtel, 8,800 fr.; le gouverneur de Paris, 2,400 fr.; le prince de Bénévent, 9,048 fr.; le duc de Cadore, 6,518 fr.; la princesse de Ponte-Corvo, 3,280 fr.; le duc de Rovigo, 5,280 fr.; la duchesse de Castiglione, 2,112 fr.; et le duc de Valmy, Mme de Beaufremont, M. Rœderer, tous les ministres, la princesse de Suède, le roi Joseph, le prince Lucien, le prince de Talleyrand, le prince architrésorier, M. de Pontécoulant, M. de Montalivet, le prince d'Essling, Mme Récamier, le duc de Massa, le duc d'Albuféra, le prince de Neufchâtel, la princesse de Gallitzin, Mme de Noailles, et toutes les sommités de ce temps-là.

Nous avons pu nous assurer que la moyenne de la location des loges était de 12,000 fr. par mois, soit 144,000 fr. par an.

Si l'art doit avoir des protecteurs, c'est aux plus hauts degrés de l'échelle sociale. L'Empereur le comprenait et le voulait ainsi.

CONCLUSION.

CONCLUSION.

LA COMÉDIE FRANÇAISE ACTUELLE.

Pouvons-nous croire notre tâche accomplie, ou au moins la modeste mission que nous nous étions imposée, celle de réunir, à l'aide de documents épars, de simples notes devant servir à écrire plus tard une histoire complète du Théâtre-Français? Notre ambition serait satisfaite si le travail que nous publions pouvait être utile à titre de renseignement. La vérité est que les regards que l'on jette sur le passé ont toujours pour résultat d'amener une comparaison avec le temps présent. Le Théâtre-Français sous l'Empire de 1804 attire donc l'attention sur le Théâtre-Français sous l'Empire de 1853, et l'on est conduit naturellement à penser que l'œuvre commencée et achevée par Napoléon Ier, Napoléon III la continuera.

Le fait est que depuis 1815, mais surtout depuis

13

1830, les bases de la constitution de la Comédie française ont été fortement ébranlées. La Restauration
avait respecté le décret de Moscou, en promulguant de
nouveaux décrets calqués sur cette loi mère ; mais,
après 1830 , le système de l'interprétation envahis-
sant toutes choses, et toutes choses étant remises en
question , la Comédie française a été livrée intérieu-
rement à l'anarchie administrative , et les ministres substitués au surintendant, l'État mis au lieu
et place du Souverain, la position du Théâtre-Français a dépendu chaque année de la volonté ministérielle ou d'une simple majorité dans la chambre
des représentants du pays. On invoquait bien toujours l'esprit du décret de Moscou, mais on ne le
respectait pas.

Depuis plus de trente années, la Comédie française n'a pas eu un seul instant de repos, et elle a
marché constamment ballottée entre l'ordonnance
de la veille et le décret du lendemain. Au lieu et
place des institutions de l'Empire, qui , tout en voulant être obéies, ne confisquaient cependant au profit du pouvoir aucune des libertés ni des franchises
de la société des comédiens, nous avons les deux
ordonnances de Louis XVIII, de 1816 et de 1822,
qui laissent plus de latitude au libre arbitre et au
bon plaisir. Les comédiens avaient bien signé, le 17
février 1823, des conventions particulières à an-
nexer à l'acte de germinal an XII ; ces conventions

avaient bien été approuvées par ordonnance royale
du 17 juillet 1823; mais déjà, quelques 'années
plus tard, on sentait le besoin de régulariser la situation d'une manière plus complète, et l'ordonnance de Charles X, du 19 août 1829, avait été
longuement élaborée par le comité de l'intérieur du
conseil d'État. Il est vrai que cette ordonnance n'a
jamais vu le jour, et les exemplaires inédits qui en
existent sont autant de curiosités bibliographiques
fort difficiles à rencontrer.

Après la révolution de 1830, on va jusqu'à porter devant le conseil d'État la question de savoir si
les artistes du Théâtre-Français sont constitués en
Société commerciale; si le Gouvernement a le droit
de dissoudre cette Société; si l'État est responsable
des charges et des dettes de l'entreprise. Le conseil
d'État répond : oui, la Société du Théâtre-Français
est commerciale; non, le Gouvernement n'a pas le
droit de dissoudre cette Société; oui, le Gouvernement est responsable comme intervenant dans les
faits d'administration intérieure du Théâtre-Français.

En 1833, on permet aux comédiens de proposer
au choix du ministre un directeur gérant de la Société; et c'est en vertu de cette autorisation que
M. Jouslin de la Salle est nommé directeur le 8
juin 1833; révoqué le 18 janvier 1837, M. Jouslin
de la Salle est remplacé par M. Vedel, en vertu de la

13.

seule initiative d'un arrêté ministériel du 1er mars suivant. La commission des théâtres royaux, sur la réclamation des comédiens, annule la décision ministérielle comme attentatoire aux droits des Sociétaires. La situation reste la même jusqu'en 1840, époque de la retraite de M. Vedel, et de la rentrée pure et simple du Théâtre-Français sous le régime du décret de Moscou. En 1847, l'ordonnance de M. Duchâtel, du 19 août, et la nomination de M. Buloz comme directeur, soulevèrent de nouvelles objections et de nouvelles tempêtes, qu'un plus violent orage, la révolution de 1848, devait apaiser un instant. Second retour au décret de Moscou, avec un administrateur, M. Lockroy. Intérim administratif rempli pendant quelque temps par M. Samson, doyen des Sociétaires, à titre de semainier perpétuel. Installation de M. Edmond Seveste comme régisseur général; enfin nomination de M. Arsène Houssaye comme directeur, en novembre 1849, et ordonnance présidentielle du 30 avril 1850. Comme cette ordonnance régit encore le Théâtre-Français, nous en donnons ici le texte :

DÉCRET CONCERNANT

LA

COMÉDIE FRANÇAISE.

EXTRAIT DU MONITEUR DU 30 AVRIL 1850.

AU NOM DU PEUPLE FRANÇAIS.

Le Président de la République,

Vu le rapport de la commission des théâtres, chargée par le ministre de l'intérieur de rechercher les moyens d'apporter au régime administratif du théâtre de la République les modifications dont la nécessité sera reconnue;

Vu les avis du conseil d'État, délibérés dans ses séances des 5 et 6 mars et 11 avril 1850;

Vu le décret du 15 octobre 1812;

Sur le rapport du ministre de l'intérieur,

Décrète :

TITRE PREMIER.

De l'Administration du Théâtre-Français.

§ I. DE L'ADMINISTRATEUR.

Art. 1er. Le Théâtre-Français est placé sous la direction d'un administrateur nommé par le ministre de l'intérieur.

Art. 2. L'administrateur du Théâtre-Français est chargé : 1° de présenter, chaque année, à l'approbation du ministre de l'intérieur, le budget du Théâtre, dressé par le comité d'administration et soumis à l'examen de l'assemblée générale des Sociétaires ;

2° D'ordonner, dans les limites portées au budget pour chaque nature de dépenses, celles qui seront nécessaires pour toutes les parties du service, et de signer, à cet effet, tous ordres de fournitures et mandats de payements ;

3° De passer les marchés, souscrire les obligations pour le service, et signer tous actes dans l'intérêt de la Société, conformément aux délibérations du comité : ceux des actes dont la durée excédera une année devront être approuvés par le ministre de l'intérieur ;

4° D'exercer, tant en demandant qu'en défendant, conformément aux délibérations du comité, toutes les actions et tous les droits de la Société des comédiens, après avoir pris l'avis du conseil de la Comédie, de l'assemblée générale, et l'autorisation du ministre ; de faire tous actes conservatoires et tous recouvrements ;

5° De faire les engagements d'acteurs pensionnaires dont la durée n'excède pas une année ;

6° D'inspecter, régler et ordonner, dans toutes les parties de la salle et des magasins, et de déléguer, à cet effet, s'il le juge nécessaire, un ou plusieurs membres du comité d'administration ;

7° De prendre toutes les mesures relatives au service intérieur, aux entrées, loges et billets de faveur, à la convocation et à la tenue des comités et des assemblées générales, aux affiches et annonces dans les journaux ;

8° De distribuer les rôles, sauf les droits des auteurs, et sans pouvoir imposer aux Sociétaires des rôles en dehors de leurs emplois ;

9° De statuer définitivement sur la formation du répertoire et sur les débuts ;

10° De donner les tours de faveur, lesquels ne pourront être accordés à plus d'une pièce sur deux ouvrages reçus ;

11° De donner les congés, en se conformant, pour leur répartition, aux dispositions du règlement, et sans pouvoir en accorder plus de six mois à l'avance, ni pour des époques périodiques :

12° De prononcer des amendes, dans les limites du maximum et du minimum fixés par le règlement.

Il exerce, en outre, les fonctions attribuées par le décret du 15 octobre 1812 au commissaire du Gouvernement près le Théâtre-Français.

Art. 3. L'administrateur, après avoir pris l'avis du comité d'administration, propose au ministre de l'intérieur :

1° Les admissions des Sociétaires ;

2° Les accroissements successifs de la part d'intérêt social, en ayant égard tant à la durée et à l'importance des services qu'à la nature de l'emploi; ces augmentations pourront être, à l'avenir, d'un douzième de la part sociale ;

3° Les engagements d'acteurs pensionnaires dont la durée excède une année ;

4° Les décisions relatives au partage des bénéfices et à la fixation des allocations annuelles distribuées aux Sociétaires;

5° Les règlements relatifs aux congés, aux amendes et autres peines disciplinaires, aux feux, à la composition du comité de lecture, à la nomination de ses membres et à la tenue de ses séances.

Art. 4. L'administrateur donne son avis au ministre de l'intérieur sur tous les objets non compris dans les articles précédents concernant le Théâtre-Français.

Art. 5. Toutes les personnes attachées au service du Théâtre, le caissier et le contrôleur général exceptés, sont à la nomination de l'administrateur.

Art. 6. L'administrateur présente au ministre de l'intérieur, le 1er avril et le 1er octobre de chaque année, un rapport détaillé sur sa gestion, dans lequel il fait connaître les pièces reçues à l'étude ou jouées, les travaux des acteurs et les résultats généraux de l'exploitation.

Art. 7. Les rapports semestriels de l'administrateur sont communiqués avec toutes les pièces justificatives au comité d'administration, qui, sous la présidence du membre le plus anciennement reçu Sociétaire, est admis à les discuter et adresse directement ses observations au ministre de l'intérieur.

Art. 8. L'administrateur ne peut faire représenter aucune pièce n'ayant pas encore fait partie du répertoire du Théâtre-Français, si elle n'a été admise par le comité de lecture.

Art. 9. L'administrateur a droit :

1° A un traitement égal au maximum de l'allocation annuelle d'un Sociétaire ;

2° A une part dans les bénéfices nets, égale à deux fois le maximum d'une part de Sociétaire.

Il lui est alloué en outre, pour frais de service, une indemnité dont la quotité est fixée par le ministre de l'intérieur.

§ II. DU COMITÉ D'ADMINISTRATION.

Art. 10. Le comité d'administration, composé conformément à l'art. 30 du décret du 15 octobre 1812, dresse le budget du Théâtre.

Il délibère :

1° Sur les comptes du Théâtre, sur les marchés à passer, sur les obligations à souscrire, sur les crédits extraordinaires et placements de fonds;

2° Sur les actions à intenter ou à soutenir au nom de la Société;

3° Sur les objets compris dans l'art. 3 ;

4° Sur les rapports semestriels de l'administrateur;

5° Sur la mise à la retraite des Sociétaires après dix ans de service.

§ III. DE L'ASSEMBLÉE GÉNÉRALE.

Art. 11. L'assemblée générale des Sociétaires délibère :

1° Sur le budget et les comptes du théâtre, sur les crédits extraordinaires et placements de fonds;

2° Sur les actions à intenter ou à soutenir au nom de la Société.

TITRE II.

Des Sociétaires.

Art. 12. Chaque Sociétaire a droit à une allocation annuelle, à des feux, à une quotité dans les bénéfices nets, à une représentation à son bénéfice, à une pension.

L'allocation annuelle, calculée proportionnellement à la quotité de la part sociale, ne peut dépasser le maximum des allocations fixes, précédemment accordées aux Sociétaires ; elle sera payable par douzième.

La quotité des feux, suivant les services et emplois, sera déterminée par le règlement.

La quotité dans les bénéfices nets est proportionnée à la part ou portion de part de chaque Sociétaire.

Une moitié est mise en réserve et soumise aux dispositions des art. 22, 23, 24, 25, 26 et 27 du décret du 15 octobre 1812.

La représentation à bénéfice est accordée au Sociétaire à l'époque de sa retraite définitive, après vingt ans au moins de service en qualité de Sociétaire.

La pension de retraite ne sera acquise à l'avenir qu'après vingt années de service, à partir du jour de l'admission au titre de Sociétaire. Elle est fixée et liquidée conformément au décret du 15 octobre 1812. Elle ne peut, dans aucun cas, sauf les droits acquis, dépasser la quotité déterminée par l'art. 13 dudit décret.

Art. 13. Après une période de dix années de service à partir du jour de la réception, il sera statué de nouveau sur la position de chaque Sociétaire reçu postérieurement à la promulgation du présent décret. Le ministre, après avoir pris l'avis de l'administrateur et du comité d'administration, pourra prononcer la mise à la retraite conformément à l'art. 16 du décret du 15 octobre 1812.

Dans ce cas le Sociétaire aura droit au tiers de la pension qui lui aurait été due après vingt ans de service, et sera libre d'exercer son art, soit à Paris, soit dans les départements.

Art. 14. Tout Sociétaire qui, après vingt années de service, n'aura pas été, en vertu de l'art. 14 du décret du 15 octobre 1812, mis en demeure de continuer à jouer sur le Théâtre-Français, sera libre de jouer sur les théâtres des départements. Il ne pourra jouer sur des théâtres de Paris qu'avec l'autorisation du ministre de l'intérieur, et sauf interruption du payement de sa pension de retraite, pendant la durée des engagements qu'il aura contractés sur ces théâtres.

Art. 15. Les acteurs seront tenus, sous les peines qui seront déterminées par le règlement, de se soumettre aux ordres de service donnés par l'administrateur.

Ils ne peuvent, sous les mêmes peines,

1° Refuser aucun rôle de leur emploi, ni s'opposer à ce qu'un autre acteur le partage avec eux;

2° S'absenter sans congé ni dépasser le terme du congé obtenu.

Les peines disciplinaires autres que les amendes ne peuvent être prononcées que par décision du ministre de l'intérieur, sur la proposition de l'administrateur.

TITRE III.

De la Comptabilité.

Art. 16. Le budget des recettes et des dépenses du Théâtre-Français est dressé chaque année et approuvé dans les formes prescrites par l'art. 2.

Il comprend les prévisions de recettes et de dépenses afférentes à toute la durée de l'exercice.

Sont seuls considérés comme appartenant à un exercice, les services faits et les droits acquis à la Société ou à ses créanciers, du 1er janvier au 31 décembre de l'année qui donne son nom audit exercice.

Art. 17. La subvention accordée par l'État est versée, chaque mois et par douzième, dans la caisse du théâtre.

Art. 18. Il est ouvert, au budget de chaque exercice, un chapitre spécial destiné à pourvoir aux dépenses que le ministre de l'intérieur croirait utile d'autoriser, dans l'intérêt du théâtre, en dehors ou en supplément des prévisions portées aux autres chapitres du budget.

La quotité du crédit ouvert par ce chapitre est déterminée chaque année par le ministre; elle ne peut excéder le cinquième du montant de la subvention.

Il ne peut être imputé de dépense sur ledit chapitre qu'avec l'autorisation du ministre.

Art. 19. Les placements de fonds et les dépenses extraordinaires, non prévus au budget ou excédant les crédits alloués, ne peuvent être proposés et autorisés que dans les mêmes formes que le budget.

Art. 20. Le caissier ne peut faire aucun payement que sur un mandat signé de l'administrateur.

Pour les dépenses extraordinaires prévues par les art. 18 et 19.

l'ordonnancement ne peut avoir lieu qu'en vertu d'une autorisation spéciale du ministre de l'intérieur.

La répartition des bénéfices entre les Sociétaires ne peut avoir lieu que suivant un état dressé par l'administrateur et approuvé par le ministre de l'intérieur.

Art. 21. La comptabilité du caissier est tenue en partie double.

Il y a un journal, un grand-livre, et autant de livres auxiliaires qu'il y a sur le grand-livre de comptes donnant lieu à des développements.

Chaque opération inscrite dans la comptabilité du Théâtre doit être appuyée de justifications régulières.

Art. 22. L'administrateur tient enregistrement des mandats de recette et de dépense qu'il délivre, des marchés et engagements qu'il souscrit, des entrées, loges et billets de faveur qu'il accorde, des ordres généraux de service, et de tous les actes qu'il fait ou ordonne dans l'intérêt de la Société.

Art. 23. Le 15 de chaque mois, pour le mois précédent, l'administrateur adresse au ministre de l'intérieur le compte des recettes et des dépenses de la Société, avec toutes les justifications réclamées par le ministre.

Art. 24. La comptabilité du Théâtre est soumise, sur la demande du ministre de l'intérieur, à la vérification des inspecteurs généraux et particuliers des finances.

La gestion de l'administrateur est soumise aux inspections administratives que le ministre juge utile d'ordonner.

Art. 25. Il sera procédé, dans le délai de trois mois, par un agent du ministre de l'intérieur, concurremment avec l'administrateur et le plus ancien des Sociétaires, à un récolement général de tous les objets composant le matériel, le mobilier, la collection de tableaux et de sculptures, les archives et la bibliothèque du Théâtre.

Les mouvements de ce matériel sont soumis à une comptabilité d'entrée et de sortie.

Chaque année, les résultats de cette comptabilité sont constatés dans un inventaire, et il est procédé à un récolement général, dans les formes indiquées ci-dessus.

Un double du procès-verbal de récolement est remis au ministère de l'intérieur, après avoir été communiqué au comité d'administration.

Art. 26. Le compte de l'exercice de chaque année reste ouvert jusqu'au 1er avril, pour le complément des opérations engagées avant le 31 décembre de l'année précédente, conformément à l'art. 16.

Il est définitivement arrêté le 1er mai de l'année suivante.

Il comprend toutes les recettes réalisées et les droits acquis dans la période de l'exercice ; toutes les dépenses faites ou engagements contractés, pour des services faits, pendant la même période, et constate l'excédant de recettes, formant les bénéfices à répartir, conformément aux art. 9 et 12 ci-dessus.

Art. 27. Ce compte est certifié par l'administrateur, soumis par lui à l'examen de l'assemblée générale et à l'approbation du ministre.

A l'appui dudit compte sont joints :

1° Un état présentant la situation des valeurs de caisse et de portefeuille, à la date de la clôture de l'exercice ;

2° Un état des engagements contractés ;

3° L'inventaire du matériel.

Art. 28. Les dispositions encore en vigueur du décret du 15 octobre 1812 auxquelles il n'est pas dérogé par le présent décret, continuent à recevoir leur exécution.

Le ministre de l'intérieur continue à exercer ceux des pouvoirs conférés au surintendant à l'égard desquels il n'est point statué par le présent décret.

Art. 29. Le ministre de l'intérieur est chargé de l'exécution du présent décret.

Fait à Paris, à l'Élysée National, le 27 avril 1850.

LOUIS-NAPOLÉON BONAPARTE

Le Ministre de l'intérieur,

J. BAROCHE.

Est-ce assez d'instabilité, de revirements et d'inconséquences? Dans des conditions aussi mouvantes, une institution sérieuse peut-elle prospérer ou seulement exister qu'au moyen des plus grands sacrifices? On pourrait faire un gros volume de Bénédictin avec les notes, mémoires, réquisitoires et consultations évoqués depuis quelques années seulement à propos de la Comédie française : Mrs Ripault, Marie, Paillet, de Vatimesnil, Ch. Dupin, Odilon Barrot, toutes les lumières du barreau consultées, sans parler des procès et des difficultés de toutes sortes aboutissant à l'ordonnance de 1850. Cette ordonnance doit-elle être le port où l'on veut atteindre, le calme que l'on espère, l'ordre, la régularité, l'issue à laquelle tendent tous les vœux? Nous ne le pensons pas, parce que nous avons la conviction intime que ce que le Président de la République a pu préparer, l'Empereur Napoléon III le complétera.

Le Théâtre-Français est aussi nécessaire à la gloire de notre civilisation que les musées qui font notre orgueil : « Les destinées de la Comédie française « importent à l'honneur littéraire du pays, » disait M. Samson, l'honorable doyen actuel des Sociétaires, dans un excellent travail publié en 1846; et il ajoutait : « La Comédie française a pris sa part de « la gloire du grand siècle. On se souvient encore « de l'éclat qu'elle a jeté sous l'Empire. La réduc- « tion des théâtres, ordonnée par un décret impé-

« rial du 8 août 1807, servit puissamment les inté-
« rêts des Sociétaires. Napoléon aimait à détourner
« sa pensée des préoccupations les plus terribles
« pour les reporter sur eux, sur leurs travaux, sur
« leur avenir... Les hauts fonctionnaires de l'Em-
« pire avaient mis au nombre de leurs habitudes
« la représentation de nos chefs-d'œuvre, obéis-
« sant ainsi à l'exemple et aux désirs du souverain;
« car notre gloire dramatique était chère à l'Empe-
« reur : c'est avec la gloire des armes celle que les
« nations rivales de la France osent le moins lui dis-
« puter. »

Nous ne pourrions certes pas si bien dire, et citer
l'opinion de M. Samson, c'est s'appuyer sur la plus
compétente et la plus respectable autorité.

Oui, la Comédie française est le véritable théâtre de la nation, le vrai temple élevé au culte de
la poésie française, l'unique maison de Molière,
de Corneille et de Racine, la scène illustrée par
des auteurs dramatiques dont un grand nombre
l'ont aussi honorée par leurs talents d'artistes sociétaires depuis Molière, le père de la Comédie, jusqu'à nos jours. Il faut donc sauvegarder le Théâtre-
Français, c'est-à-dire l'art tout entier. La multiplicité
des scènes de troisième ordre, l'état de dégradation
où en est arrivée la littérature dramatique, la dif-
ficulté que l'on éprouve à recruter des sujets d'un
mérite satisfaisant sont des obstacles qu'il faut com-

battre. D'un bout de la France à l'autre ce ne sont que flonflons et ritournelles, que piètres et minces vaudevilles, dont le moindre défaut est de porter atteinte à l'esprit moral des populations. Quant à la musique, qui, elle aussi, est un art noble et élevé, elle a tout envahi aux dépens de la comédie, et l'exécution des grands opéras continue à ruiner 'outes les administrations de la province. En attendant des temps meilleurs, auxquels il est impossible de croire sans la protection du Gouvernement, sans son intervention ferme et énergique, les comédiens manquent, et le Conservatoire et l'Odéon restent seuls pour alimenter la scène française, ce qui est loin de suffire; car si le Conservatoire forme d'excellents élèves, il ne fait pas de comédiens.

Est-ce à dire pour cela que la Comédie française ne renferme pas encore de beaux éléments de succès et d'exécution? Tout le monde sait le contraire. Le Gouvernement a placé à sa tête, pour la diriger, un littérateur distingué, artiste passionné et éclairé, un homme jeune, intelligent, rempli de bonnes intentions et de bienveillance, et qui a déjà su rendre au Théâtre-Français une part importante de prospérité. M. Arsène Houssaye est tout prêt à continuer son œuvre, si on lui laisse des moyens d'action. Non, ce ne sont pas les éléments dont on dispose qui peuvent faillir à la mission imposée au Théâtre-Français; ces éléments, il ne s'agit que de les coordonner pour en tirer le plus grand parti possible. La littérature dramatique de 1810 n'existait guère qu'à l'état de pâle imitation du xviii° siècle ; celle de 1853 a de la valeur, elle est elle-même, elle essaye, lutte, combat et triomphe souvent.

Les talents supérieurs abondent, mais ils ont besoin de sérieux encouragements. Le répertoire classique est d'une richesse incomparable, il faut le jouer avec honneur. Le répertoire moderne est abondant en œuvres spirituelles, pleines de séve, de verve et de style ; on doit tendre à l'épurer et à le choisir avec soin. Les petits actes, au Théâtre-Français, doivent être tous remarquables ; les grandes pièces, des œuvres supérieures longuement élaborées. Rien de tout cela ne nous manque, et nous avons encore, ce qui est inappréciable, l'interprétation savante et studieuse des chefs-d'œuvre consacrés.

N'avons-nous pas, en effet, Mlle RACHEL, le point culminant aujourd'hui de la scène française, la tragédienne inspirée, la véritable Melpomène antique, la plus riche organisation que la scène ait possédée ? N'avons-nous pas SAMSON, le Molé de notre époque, école vivante de pure diction, d'atticisme et de bon goût ; le professeur érudit, l'auteur spirituel, l'expérience et l'autorité du Théâtre-Français ? N'avons-nous pas BEAUVALLET, le dernier représentant de la tragédie classique ; GEFFROY, dont la distinction, les études d'artiste, la noblesse, la dignité sont d'un comédien de premier ordre; Régnier, dont le mordant et le vrai comique égalent le profond savoir et l'érudition théâtrale; Provost, dont la bonhomie et la verve rappellent les Grandménil, les Caumont et tous les maîtres dans l'interprétation de la comédie de Molière? N'avons-nous pas le plus franc sourire, la plus aimable gaieté, l'esprit le plus vif, la fine soubrette jointe à l'élégante comédienne, le tout personnifié dans Mlle Augustine Brohan? Et Mlle Denain et Mlle Madeleine Brohan, qui se partagent, avec un talent plein d'avenir et tout l'éclat de leur beauté, l'héritage, si difficile à accepter, de Mlle Mars; et toutes ces charmantes et jolies femmes, qui luttent entre elles de mérite, Mlle Rébecca, Mlle Judith, Mlle Bonval, Mlle Nathalie? Et pourrait-on oublier que la nouvelle Société du Théâtre-Français s'apprête à marcher sur les traces de l'ancienne, et que Brindeau, Leroux, Maillart, Got, Delaunay, Maubant, Louis Monrose ne sont pas déjà les dignes héritiers de leurs devanciers?

Il n'y a donc qu'à vouloir, la Comédie française est encore le premier théâtre du monde et ne demande qu'à prospérer.

Le malheur est tout entier dans l'oubli des règlements d'administration intérieure; et, si l'on trouve le moyen d'innover, on ne le pourra, d'une ma-

14

nière efficace, qu'en respectant les traditions, qu'en tenant compte des droits acquis et des services rendus, qu'avec le maintien de l'équilibre d'un budget que le chiffre des pensionnaires écrase; et en se rappelant qu'un personnel de cinquante personnes est inutile là où trente ou trente-cinq artistes, dont la grande majorité devrait être Sociétaire, suffisent pour assurer le service amplement. En général, la qualité vaut toujours mieux que la quantité.

On doit donc hâter de tous ses vœux une réglementation définitive du Théâtre-Français. Peut-être le décret de 1850 ne supplée-t-il pas dans toutes ses parties à l'ordre administratif du décret de Moscou, qui porte dans ses moindres détails l'admirable régularité du génie de son auteur, ordre suprême qui consiste dans la pondération intelligente d'un pouvoir digne, fort et respecté, et les fonctions d'un comité composé d'artistes expérimentés et dévoués aux intérêts de leur maison commune, sorte d'autorité oligarchique, respectable par cela même qu'elle repose, comme nous le disions tout à l'heure, sur les droits acquis.

Ainsi, et pour ne citer qu'un exemple, n'arrive-t-on pas à démontrer que le temps du Sociétariat, réduit de vingt à dix années, facultativement il est vrai, peut engager à admettre dans la Société des talents trop jeunes, non éprouvés, susceptibles de ne pas réaliser les espérances qu'ils faisaient concevoir; et encore que les années de service comme pensionnaire ne comptant plus, on aspire trop vite au rang de Sociétaire, ou l'on préfère un engagement lucratif, dans un théâtre de genre, à la position éphémère d'un Sociétaire ayant accompli ses dix années et possesseur peu enrichi d'une rente de 1,300 francs ? N'oublions pas que le Sociétariat de la Comédie française a toujours été considéré comme le bâton de maréchal d'un comédien, et qu'il faut que la part reste belle si l'on veut qu'elle soit poursuivie et enviée.

Nous croyons que l'organisation d'une surintendance générale des théâtres impériaux, et spécialement de la Comédie française, serait une mesure efficace en ce qu'elle nous ramènerait aux traditions monarchiques et à celles de l'Empereur. On parle d'abus ? Ils disparaîtraient sans aucun doute. Chargé d'exécuter les termes d'un décret s'inspirant de cette législation suprême de 1812, un surintendant général ne pourrait pas sortir des voies légales au profit de certains intérêts particuliers ; on saurait où s'arrête le droit et où il commence ; on verrait la loi respectée et toutes les positions franches et nettes, ne serait-ce que celle d'un administrateur, commissaire du Gouvernement, aujourd'hui responsable d'actes qui peuvent se trouver répréhensibles, et qui ne sont pas toujours de son fait.

Mais nous avons confiance en Napoléon III. Comme tous les grands esprits, comme toutes les natures élevées et exceptionnelles, l'Empereur aime les arts et les lettres, et nous savons qu'il affectionne le Théâtre-Français. L'Empereur ne le prouve-t-il pas chaque jour par sa présence fréquente dont S. M. veut bien honorer notre première scène; ne l'a-t-il pas prouvé en rendant aux Sociétaires le titre glorieux de ses Comédiens ordinaires? Sous le poids d'un loyer onéreux, et devenu d'une perception injuste depuis que la salle du Théâtre-Français appartient à l'État, la Comédie ne doit-elle pas à la munificence de l'Empereur et à l'active intervention de M. le comte de Morny, alors ministre de l'intérieur, l'exonération définitive d'une charge énorme que rien ne pouvait plus justifier? Depuis lors, et par cela seul, l'Empereur a assuré irrévocablement les pensions de retraite que les cent mille francs dont Napoléon Ier a doté la maison de Molière étaient destinés à acquitter concurremment avec le loyer de la salle. Ce sont là des gages assurés pour une protection plus efficace. Nous y croyons fermement, en vertu de deux grands principes qui obligent le TRÔNE et le nom impérissable de NAPOLÉON, nom deux fois immortel par le génie et la puissance organisatrice de Napoléon Ier et de Napoléon III.

Et, d'ailleurs, pourquoi s'inquiéter? Comment pourrait péricliter et disparaître cette institution si précieuse de la Comédie française? N'a-t-elle pas aujourd'hui pour la sauvegarder notre noble souveraine, l'Impératrice, la protectrice de l'intelligence, et l'Impératrice ne sera-t-elle pas pour le Théâtre-Français comme pour les lettres et les arts, comme pour la France, l'ange tutélaire qui veillera sur nos destinées?

Quant à nous, nous n'avons voulu qu'essayer humblement de formuler la ferme espérance qui nous soutient et nous inspire. Puisse notre modeste et bien imparfait travail apporter comme une pierre infime au grand œuvre d'organisation qui se prépare et qui ne tardera pas à être accompli.

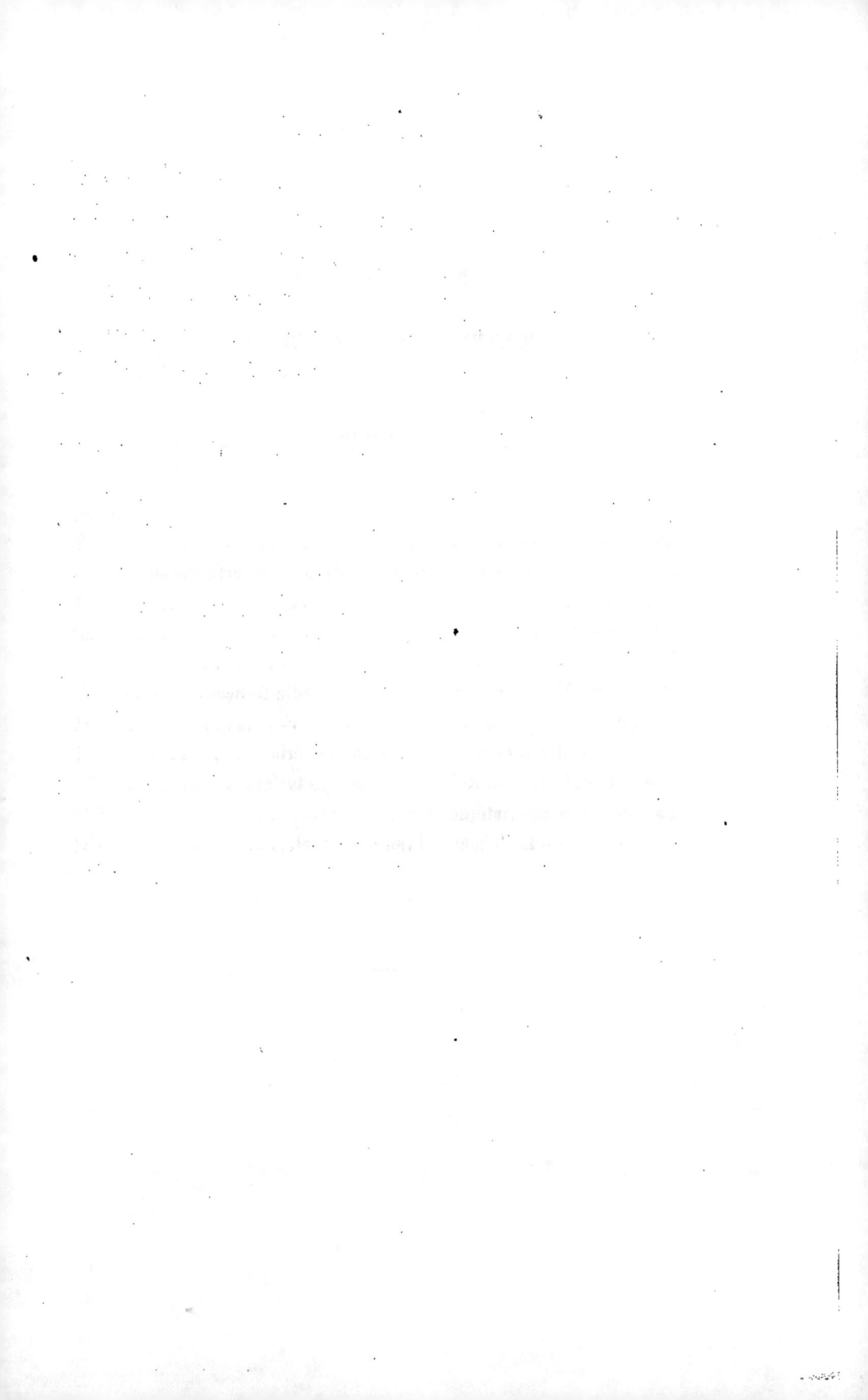

MATIÈRES

CONTENUES DANS CE VOLUME.

———•———